불교를 알면 평생이 즐겁다

불교를 알면 평생이 즐겁다

초판 제 1쇄 발행 1997년 5월 12일
초판 제17쇄 발행 2018년 6월 25일

지은이   윤 청 광

펴낸이   김 경 희

펴낸곳   ㈜지식산업사

등 록   1969년 5월 8일, 1-363

본 사   10881, 경기도 파주시 광인사길 53(문발동)
         전화 (031)955-4226~7   팩스 (031)955-4228

서울사무소 03044, 서울시 종로구 자하문로6길 18-7(통의동)
         전화 (02)734-1978, 1958 팩스 (02)720-7900

누리집   www.jisik.co.kr
전자우편 jsp@jisik.co.kr

ⓒ윤청광, 1997
ISBN 89-423-7004-7 03220

진열장 안의 불교를 세상 밖으로

•

권 기 종
(동국대학교 교수)

사람들은 흔히 불교는 어렵다고 말한다. 불교를 어떻게 쉽게 설명할 수 없느냐는 질문도 자주 받는다. 명색이 불교학을 전공한 사람으로서 부끄러울 때가 한두 번이 아니었다.

근래에는 몇 차례에 걸쳐 불교TV, 불교방송에서 교리강좌라는 것도 해보았다. 불교를 쉽게 설명한다는 것이 그리 쉽지 않다는 것을 강의를 하면서 더욱더 느꼈다.

그러던 차 윤청광 선생이 보내준 한 권의 책을 받게 되었고, 책을 펴서 내용을 훑어보니 불교라는 말은 거의 없고, 어렵고 모를 말도 없었다. 불교책인데 왜 불교란 말이 한 마디도 없는가 하고 내용을 읽기 시작했다. 그러나 그 내용은 구구절절이 불교적 생각과 불교적 삶을 엮어내고 있었다.

그래서 나는 '불교책도 아닌 것이 불교네' 하며 감탄을 금할 수 없었다. 물론 필자 윤청광 선생은 영문학을 전공한 작가로 불교학 전공자는 아니다. 그러나 불교의 깊은 사상을 충분히

소화하고 여기에 냉철한 현실감각을 실어 예리한 시각과 필치로써 구사한 글임을 알 수 있었다.

내용의 주된 소재는 불교의 근본선어록과 대승경전에 이르는 다양한 사상에 기초를 두고 있다. 그런데도 이렇게 쉽고 절실하게 읽는 이의 감정에 다가오는 것은 필자가 불교를 전공하지 않은 사람이었기에 더 그럴 수 있지 않았을까 생각해보았다.

불교는 엄밀한 의미에서 전문가만의 불교일 수 없으며, 더구나 학문적 이론이나 사상적 체계만으로 있어서는 안 된다. 누구나 읽고 알 수 있어야 하며, 그 가르침이 바로 우리들의 일상에서 구현되어야 한다.

우리들의 삶과 관계가 없는 종교는 있으나 마나 한 것이며, 불교 또한 예외일 수는 없을 것이다. 그러므로 불교는 화석과 같이 진열장 한 구석에 전시되어서는 안 될 것이며, 현재 여기서 우리와 함께 호흡하면서 살아 있어야 할 것이다. 이 점에서 이 책은 진열장 안에 전시된 불교를 우리들의 현실 속으로 끌어내는 하나의 계기를 마련했다고 보아도 좋을 것이다.

이 책의 또 하나의 특징을 말한다면 다양한 주제를 가지고 단편적인 글로 쓰여졌지만 필자의 일관된 사상이 보인다는 점이다. 그것은 다름 아닌 불교에 대한 깊은 신심과 사회악에 대한 예리한 비판과 분석이며, 이에 대한 불교적 관점이다.

(법보신문 1997년 7월 9일자)

'바른길' 걷기를 권하는 불교의 진리

•

김 종 대

(국립민속박물관 민속연구과장)

　나는 불교신자가 아니라 불교와 관련한 이 책을 읽는 것은 크게 부담이 되었다. 불교의 교리나 부처의 설법 등에 대해 등한시한 까닭도 있지만, 사실 우리 집안은 오랫동안 천주교에 의지하여 온 때문이다. 그러나 이 책은 불교의 고매한 설법이나 어려운 경전을 풀이한 책이 아니라 종교와 상관없이 읽을 수 있다는 점에서 흥미를 끌 만한 내용을 담고 있다.

　사실 불교는 다른 종교와 달리 포용력이 강해 우리 민족에게 오랫동안 사랑을 받아왔으며, 그것은 우리 민족성의 형성에도 지대한 영향을 주었다. 이러한 일반적인 이해 차원의 언급은 큰 의미가 없는 것이기는 하지만 실상은 그렇지도 않다.

　이 책에서 말한 것처럼 기독교와 달리 불교를 믿는 사람들은 자신있게 자기가 불교를 믿는다고 말하는 습성을 보이지 않는다. 이것은 불교가 우리 민족의 기층적인 한 바탕을 이루고 있기 때문이라고 생각한다. 특별하게 불교를 믿는다고 말하지 않아도 종교적인 귀의를 이루고 있다는 사실을 인정하고 있기 때문이다.

이 책은 앞서도 말한 것처럼 어려운 책이 아니다. 제목이 그런 점에서 거슬리기는 하지만, 현실에서 일어나고 있는 부조리들과 올바른 마음을 갖지 못한 사람들을 깨우칠 수 있는 내용들을 담고 있다. 일상적으로 우리가 쉽게 경험할 수 있는 일들, 그리고 신문에서 쉽게 접하고 있는 사건들에 대한 이야기를 화두로 삼으면서 왜 이런 일이 일어나는가, 그리고 그런 잘못을 극복하기 위해서는 어떻게 해야 하는가 등을 충고하고 있다.

저자는 그런 과정의 결말에 부처님의 설법을 통해 자각하기를 권하는 방식을 취하고 있어 우리가 알지 못했던, 그리고 종교가 다르면 우선 담을 쌓으려고 하는 사람들에게 불교의 진리를 설득력 있게 설명한다.

우리는 산업사회에 돌입한 이후 여유 없이 살아왔다. 자기만 알고 자기만 배불리 먹으면 그만이고, 자기 자식만 똑똑한 줄 착각하는 시대에 살고 있다. 이 책은 이러한 세태를 풍자하고 우리 삶의 변질을 꼬집으면서 '정도(正道)'를 걷기를 권한다. 자기 이기주의를 극복하고 공동체로서 우리 민족이 하나될 수 있는 길을 알려준다.

1994년 국립민속박물관에서는 '성철 큰스님 만장'이라는 특별전을 개최한 일이 있다. 이때 접한 성철 큰스님의 법어 가운데 가장 흥미를 끈 것은 "산은 산이요 물은 물이다" 하는 것이었다. 나같은 문외한이 볼 때, 있는 그대로의 말씀을 왜 하시는가 의문이 아닐 수 없었다. 나중에야 나는 그 의미의 한 부분을 이해할 수 있었다. 사람들은 사람 자신의 본성 그대로 살지 못하고 있다는 점을 깨우쳐주고 있는 글이었음을 말이다.

이 책 앞부분에 실린 시 한 수도 비록 옛 스님이 쓰신 것이지만, 현실적 삶에만 연연하고 있는 현재의 우리에게 깊은 감명을 준다.

허공은 날더러
티없이 살라 하고
청산은 날더러
말없이 살라 하네.

이 책은 크게 감동을 준다기보다는 허우적거리며 세상을 살고 있는 사람들에게 다시 한번 삶의 의미와 본질을 사색할 수 있는 기회를 준다는 점에서 읽어볼 만한 가치가 있다. 과연 나의 삶도 이렇게 될 수 있을까.　　　(출판저널 1997년 7월 5일자)

알기 쉬운 불교 재미있는 불교

이 땅에서 사는 사람은 누구나 불교를 만나면서 산다. 그 사람이 서양 종교를 믿건 동양 종교를 믿건, 역사 속에서 불교를 만나고, 등산길에서 불교를 만나고, 관광길에서도 불교를 만난다.

그런데 많은 사람들이 불교에 대해서 잘 모른다. 심지어는 몇십 년, 아니 할머니의 할머니 적부터 대대로 불교를 믿어 왔다는 불교신자들까지도 불교에 대해서 별로 아는 것이 없다. 그리고 흔히 사람들은 불교가 어렵다고 그러고, 불교는 뭐가 뭔지 모르겠다고 그러고, 서양 종교를 믿고 있는 일부 철없는 사람들은 불교를 미신이라고 몰아붙이기도 하고 우상숭배라고 악담을 퍼붓기도 한다.

그러나 불교는 결코 어려운 종교가 아니며, 뭐가 뭔지 모를 난해한 종교도 아니요, 미신과 우상숭배는 더더구나 아니다.

불교는 한마디로 2,600여 년 전 옛 인도의 카필라 성에서 왕자로 태어났던 석가모니 부처님이 오랜 수행과 고행을 거쳐 깨달음을 얻은 뒤, 장장 45년 동안 펼쳐준 가르침을 믿고 의지하고 배우고 실천하는 자비의 종교이다.

우리가 흔히 부르는 팔만대장경이 바로 불교의 가르침을 수록한 경전인데, 이 경전의 수량만 살펴보더라도 기독교의 구약·신약 성서를 합친 것보다 무려 250배나 된다. 예수님께서 설교하신 기간은 3년, 석가모니 부처님이 설법하신 기간은 45년이었으니 가르침의 양에 차이가 날 것은 자연스러운 일일 것이다.

석가모니 부처님은 29세에 출가하여 6년 동안의 처절한 수도와 고행을 통해 35세에 깨달음을 얻고 80세에 이 세상을 떠날 때까지 길고 긴 45년 동안 말씀을 통해 가르침을 펴고 다녔다.

그리고 그 가지가지 방대한 가르침은 부처님이 세상을 떠난 후 곧바로 평소 그를 모시고 따르던 500명의 제자들에 의해 확인되고 모아지고 편찬되어 경(經)이 되었고, 2차, 3차의 편집을 거쳐 문자(文字)로 기록되었다.

당시 인도 동북부지방의 문자로 기록된 불교경전은 그 후 한자(漢字)로 번역되어 중국에 전파되었고, 바로 그 한자로 된 불교경전이 우리나라에 그대로 전해져 삼국시대·고려시대를 거쳐 조선왕조에 이르렀고, 조선왕조 500년의 억불숭유정책에 의해 읽기 쉽고 배우기 쉬운 한글로 번역되지 못했다. 다시 말하면 불교경전은 우리나라에 들어온 지 1,600여 년 동안 중국의 문자인 한문의 감옥 속에 갇힌 채 일반대중과는 담을 쌓고 있었고, 당초 알기 쉽고 재미있는 말씀으로 설해졌던 부처님의 가르침이 어렵고 난해한 한문으로만 우리에게 전해진 탓에 "불교는 배우기 어렵고 뭐가 뭔지 모르겠다"는 소리를 들을 수밖에 없었다. 그러나 1960년대 후반기부터 시작된 불경의 한글화 작업으로 이제는 많은 경전이 한글로 옮겨져 있어 누구나 재미있고 알기 쉬운 불교를 접할 수 있게 되었다.

당초 부처님은 어린 아이를 만나면 어린 아이가 알아들을 수 있도록 설법했고, 농부를 만나면 농부가 알아들을 수 있도록 설법했으며, 임금을 만나면 임금이 알아듣도록 비유하여 설법했다.

어느날 부처님은 제자들과 함께 길을 가다가 길가에 버려진 새끼줄 한 토막을 보고는 제자로 하여금 그 새끼줄을 주워 냄새를 맡도록 하였다.

"그 새끼줄 토막에서는 무슨 냄새가 나는고?"

"예, 부처님. 이 새끼줄에서는 생선 비린내가 나고 있사옵니다."

"그럼 이번에는 저기 버려져 있는 저 종이를 주워 냄새를 맡아보아라."

"예, 부처님. 이 종이에서는 향내가 나고 있사옵니다."

"그럴 것이다. 생선을 꿰었던 새끼줄에서는 생선 비린내가 나고, 향을 쌌던 종이에서는 향내가 나게 되나니, 그대들도 사람을 사귈 적에는 착한 사람을 골라 사귀어야 할 것이다."

'향 싼 종이에서는 향내 나고……'의 이 유명한 가르침도 재미있고 알기 쉬운 비유를 통해 길을 걷다가 펼쳐진 것이었으니, 원래 부처님의 가르침은 이렇듯 쉬운 것이었다.

사랑하는 사람을 가지지 말라.
미워하는 사람도 가지지 말라.
사랑하는 사람은 못 만나 괴롭고
미워하는 사람은 만나서 괴롭다.

그러므로 일부러 사랑을 만들지 말라.
사랑은 미움의 근본이거니
사랑도 미움도 없는 사람은
어떠한 근심 걱정도 없느니라.

무엇을 웃고 무엇을 기뻐하랴.
세상은 쉬임없이 타고 있는데
그대들 어둠 속에 덮여 있구나.
어찌하여 등불을 찾지 않는가.

보라, 이 부서지기 쉬운 병투성이
이 몸을 의지해 편타 하는가.
욕망도 많고 병들기 쉬워
거기엔 변치 않는 실체가 없네.

《법구경(法句經)》에서 인용한 이 시구들이 어렵다고 느낄 사
람은 많지 않을 것이다. 《법구경》뿐만 아니라 다른 경전도 알
기 쉬운 우리글 우리말로 잘 옮겨진 것을 보면 결코 부처님의
말씀이 고리타분하거나 난해하거나 추상적이지 않다. 오히려
부처님의 가르침에는 수많은 이야기와 비유가 들어 있어 재미
있고 쉽게 지혜를 배울 수 있다.

이 목숨 태어남은
한조각 뜬구름 생겨남과 같고
이 목숨 스러짐은
한조각 뜬구름 사라짐과 같으니……

생사(生死)를 표현한 이 간결한 말씀을 어렵다고 여길 사람
은 없을 것이다. 그러나 그동안에는 이 말씀도 "생야일편부운
기 사야일편부운멸(生也一片浮雲起 死也一片浮雲滅)"이라는 한문
으로만 전해졌으니 한자공부를 어지간히 한 사람이 아니면 이
절묘한 말씀이 무슨 뜻인지 짐작할 수가 없었다.

그러나 이제 불교는 어렵다고 지레 겁을 먹을 필요가 없다.
아직은 만족할 만한 정도는 아니지만 그런 대로 읽기 쉽고 알
기 쉽게 많은 경전이 한글로 번역되었고, 재미있는 불교책들도
많이 나와 있어서 조금만 관심을 기울이고 정성을 들이면 혼자
서도 쉽게 불교의 가르침을 배울 수 있고 불교의 지혜를 내 것
으로 삼을 수 있다.

불교는 쉽다. 불교는 재미있다. 그리고 무엇보다도 불교는 불
안한 마음, 초조한 마음, 조급한 마음을 편안히 가라앉혀 지혜
로운 눈, 자비로운 마음으로 세상을 보고 세상을 살게 한다.

나는 결코 이 책을 통해서 '불교를 믿으라'고 권유할 생각은
없다. 다만 나는 누구나 불교를 알게 되면 자기도 모르게 인생
이 달라지리라고 믿는다.

서양 종교를 믿는 분이건, 아무 종교도 믿지 않는 분이건, 그
냥 건성으로 불교를 믿어온 분이건, '아, 불교의 가르침이 이런

것이었구나' 하고 단편적으로나마 알게 된다면, 아마도 그분은 생각이 바뀌고, 말이 바뀌고, 행동이 바뀌고, 인생이 바뀌어가는 자신을 발견하게 될 것이라고 나는 믿는다.

　불교학을 전공한 적이 없고, 출가수행을 해본 일도 없는 평범한 보통 시민인 내가 그러했듯이, 불교를 알면 누구나 마음이 편안해질 것이다. 불교를 알면 누구나 욕심도 성냄도 사라질 것이요, 근심 · 걱정 · 원망도 사라질 것이다.

　그리하여 '불교를 알면 평생이 즐겁다'는 나의 당돌한 고백에 공감해줄 사람이 단 몇이라도 있다면, 그분들을 위해 옛 스님의 시 한 수를 드리고 싶다.

　허공은 날더러
　티 없이 살라 하고
　청산은 날더러
　말없이 살라 하네.
　욕심도 벗어 놓고
　성냄도 벗어 놓고
　바람처럼
　물처럼
　살다가 가라 하네.

세 살 먹은 아이도 알지만

　　중국 당나라의 유명한 시인 백낙천(白樂天)이 도림선사(道林禪師)를 찾아가

　　"과연 무엇이 불교입니까?"

하고 물었다. 이때 도림선사는 한마디로 대답했다.

　　"제악막작 중선봉행 시제불교(諸惡莫作 衆善奉行 是諸佛敎 ; 나쁜 짓 하지 말고 착한 일을 받들어 행하라, 이것이 바로 불교라네)."

　　이 말을 들은 백낙천은 허허 웃으며 말했다.

　　"스님, 그 정도야 세 살 먹은 아이도 다 아는 것 아닙니까?"

　　"세 살 먹은 아이도 알기는 쉬우나, 백 살 먹은 노인도 행하기는 어렵다네."

　　백낙천과 도림선사의 이 짧은 문답에서도 드러나듯이 불교는 한마디로 '착한 일 많이 하고, 나쁜 짓 하지 말라'고 가르치고 있다. 그리고 말로만 불교를 배우고 외우지 말고 실생활에 그대로 실천할 것을 요구하고 있다.

불교를 아무리 많이 배우고 그 많은 불경을 눈감고 줄줄 외워도 그 가르침을 실천하지 않으면 아무 소용이 없다고 단언하고 있다. 아무리 많은 산해진미를 부처님께 바치고, 아무리 많은 재물을 부처님께 바치고, 아무리 큰 절이나 탑을 세워 부처님께 바쳐도, 가르침을 제대로 실천하지 않으면 아무런 공덕도 되지 못한다고 강조하고 있다.

《법구경》에서 부처님은 이렇게 강조하고 있다.

경전을 아무리 많이 외워도
실행하지 아니하는 게으른 사람은
남의 소를 세는 목동과 같아
아무런 보람도 얻기 어렵다.

보기에는 예쁘고 사랑스런 꽃이
빛깔만 곱고 향기가 없듯이
아무리 훌륭하고 아름다운 말도
행하지 아니하면 그 보람 없네.

불교는 이렇듯 실천을 누누이 강조하고 있다. 불교에서 흔히 쓰고 있는 '지목행족(智目行足)'이라는 말도 이는 곧 '지혜의 눈과 행동의 발'을 뜻하는 것이니 지혜를 깨달았으면 그 지혜를 발로 실천에 옮기라는 말이다.

한 사내가 산속에 있는 암자로 스님을 찾아갔다.

"스님, 저는 여러 해 전에 한 사람을 죽여 죄를 지었습니다. 다행히 아무도 아는 사람이 없어서 벌을 받지는 않았습니다마는 세월이 갈수록 양심에 가책을 받아 괴롭기 그지 없습니다. 이제라도 제가 부처님께 참회하고 빌며 불공을 올리면 제가 지은 죄가 없어질 수 있겠습니까?"

스님은 한동안 지그시 눈을 감고 있다가 그 사내에게 나직히 말했다.

"내 대답을 해줄 터이니 망치와 못을 가져 오게."

그 사내는 스님이 시키는 대로 망치와 못을 가져 왔다.

"여기 서 있는 이 나무기둥에 그 망치로 못을 박아 보게."

그 사내는 스님이 시킨 대로 나무기둥에 못을 박았다.

"그대가 이 나무기둥에 분명히 못을 박았으렸다?"

"예, 스님. 제가 못을 박았습니다."

"허면, 못을 박은 게 잘한 짓인가, 잘못한 짓인가?"

"예, 기둥에 못을 박은 것은 잘못한 일이었습니다."

"참으로 잘못한 일이라고 생각하는가?"

"예, 스님. 참으로 잘못한 일이었습니다."

"그러면, 이 기둥에 박힌 못을 뽑도록 하게."

"예, 스님. ……뽑았습니다."

"나무기둥에 못을 박은 것이 죄를 지은 것이라면, 못을 뽑은 것은 참회하는 것이라 할 수 있을 것이야."

"하오면 스님. 제가 지은 죄는 이제 없어졌다고 할 수 있겠는지요?"

"그건 아니 될 소리! 그대가 비록 반성하고 후회하고 참회해서 못을 빼기는 했지만, 여기를 자세히 보게. 못을 박았던 자국이 없어졌는가, 남아 있는가?"

나무기둥에 선명히 남아 있는 못자국을 보고, 그 사내는 질망적으로 말했다.

"…… 남아 있습니다, 스님."

"그대가 지은 죄도 이와 같네."

"하오면 어찌하면 이 괴로움에서 벗어날 수 있겠습니까?"

"한 사람을 죽였으면 열 명, 백 명, 천 명, 만 명을 살리는 일에 나서야 하네. 그래도 그대의 죄는 없어질까 말까라네."

그렇다. 불교는 이렇게 가르치고 있다. 월요일부터 토요일까지는 거짓말을 하고, 사기를 치고, 바가지를 씌워 잇속을 챙기는 자가 일요일 하루만 종교집회에 참석해서 반성하고 마룻장을 치며 돈 몇 푼 내놓고 죄의 용서를 빈다고 해서 그 죄가 씻어질 수는 없다.

서양의 종교 가운데 어떤 종교는, 잘못을 반성하고 돈 몇 푼 내놓고 절대자의 품에 안기기만 하면 '천국이 너의 것'이라고 그동안 지은 죄를 만능 지우개로 말끔히 지워주는 면죄부를 나눠준다고 하지만 불교는 그렇게 가르치지 않는다.

남의 돈 천 원을 떼어먹거나 속여먹었으면 열 배, 백 배, 천 배, 만 배로 갚아야 한다고 가르치는 것이 바로 불교다. 아니, 열 배, 백 배, 천 배, 만 배로 갚아도 천 원을 떼어먹은 그 죄는 없어질까 말까라고 경고하고 있다.

반성한다고 해서 지은 죄가 없어지고, 시주나 헌금을 했다고 해서 지은 죄가 없어지고, 기도하고 불공드린다고 해서 지은 죄가 없어진다면 이 세상은 과연 어떻게 될까?

그러나 자신이 저지른 행위에 따라 반드시 그 과보가 뒤따른다고 강조하는 것이 바로 불교의 가르침이다.

부처님이 살아 계셨을 때 마을에서 이름난 부자였던 장자가 죽었다. 이때 그 장자의 자손들은 부처님과 제자들이 자기 집에 와서 장자가 천상에서 다시 태어날 수 있도록 축원을 해주십사 간청한 일이 있었다.

그때 부처님은 제자 가미니에게 이렇게 말했다.

"가미니야. 무거운 돌을 연못에 던져 놓고 '돌아 떠올라라. 돌아 떠올라라' 하고 우리가 축원한들 그 돌이 물 위로 떠오르겠느냐?"

죽어서 천상에 태어나려거든 살아서 착한 일, 자비로운 일을 많이 해야지, 살았을 적에는 인색하고 무자비하고 악한 일을 많이 해놓고, 죽은 뒤에 기도하고 축원하고 돈을 내놓은들 무슨 소용이 있으랴.

살아서 복된 삶을 누리고, 죽어서 천상에 태어나고자 한다면, 어려서는 부지런히 배우고, 젊어서는 정직하고 당당하게 부지런히 일하며, 악한 짓 멀리하고 착한 일 많이 하라. 바로 이것이 불교의 가르침이다.

누구를 위해 범종은 울리는가

세속에 살던 사람이 출가하여 수행자가 되려면 먼저 일정 기간의 행자(行者) 과정을 거친 뒤, 정해진 심사과정을 통과하게 되면 비로소 삭발하고 남자에게는 사미계, 여자에게는 사미니계가 내려지고, 이때부터 스님으로서의 본격적인 수행이 시작된다.

삭발 출가한 사미스님과 사미니스님이 맨 처음 배우게 되는 것 가운데 《사미율의(沙彌律儀)》라는 책이 있는데, 주로 스님으로서의 기본규범을 설해 놓은 내용이 담겨 있다. 여기에는

- 살생하지 말라.
- 도둑질하지 말라.
- 음행하지 말라.
- 거짓말하지 말라.
- 술 마시지 말라.

- 꽃다발을 쓰거나 몸에 향을 바르지 말라.
- 노래부르고 춤추지 말며 구경도 하지 말라.
- 높고 넓은 평상에 앉지 말라.
- 때 아닐 적에 먹지 말라.
- 금은보화를 지니지 말라.

하는 부처님께서 말씀하신 열 가지 계율을 자세히 설명하고 있
고, 그 다음에는 큰스님 공경하는 법, 스님 시봉하는 법, 스님
모시고 다니는 법, 대중과 함께 사는 법, 대중과 함께 밥 먹는
법, 목욕하는 법, 화장실 가는 법에 이르기까지 지켜야 할 규범
과 덕목이 실로 수백 가지에 이르고 있다.

그런데 수백 가지 지켜야 할 일 가운데서도 우리의 눈길을
끄는 색다른 규범이 세 가지가 있다.

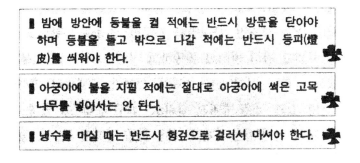

■ 밤에 방안에 등불을 켤 적에는 반드시 방문을 닫아야
하며 등불을 들고 밖으로 나갈 적에는 반드시 등피(燈
皮)를 씌워야 한다.

■ 아궁이에 불을 지필 적에는 절대로 아궁이에 썩은 고목
나무를 넣어서는 안 된다.

■ 냉수를 마실 때는 반드시 헝겊으로 걸러서 마셔야 한다.

스님들이 지켜야 할 규범 가운데 어찌하여 이런 것들이 들어
있을까? 이것은 두말할 필요도 없이 귀한 생명을 보호하기 위
한 배려에서이다.

봄부터 가을까지 밤에 등불을 밝혀 놓은 채 방문을 열어두면 그 불빛을 향해 수많은 하루살이·모기·풍뎅이·잠자리·나방이 모여 든다. 그리고 그 벌레들은 불에 타 죽게 된다. 등불을 켜 들고 밖에 나갈 적에도 똑같은 일이 일어난다. 그래서 등불에 벌레들이 타 죽는 일을 방지하기 위해서 방문을 닫아야 하고, 등피를 반드시 씌우도록 했던 것이다.

　그리고 아궁이에 불을 지필 적에 썩은 고목나무 토막을 넣지 못하게 한 것도 바로 그 썩은 고목나무 토막 안에 집을 지어 살고 있는 수많은 벌레나 개미나 벌들의 목숨을 지켜주기 위해서였다.

　냉수를 헝겊으로 걸러서 마시게 한 것도 그 물 속에 살고 있는 미미한 벌레들의 목숨을 지켜주기 위함이었다.

　정말이지 나는 《사미율의》를 읽으면서 세상에서 이토록 지극한 생명 사랑이 또 있을까 싶어 한동안 할 말을 잃었다. 이 세상에는 종교도 많고 사상가도 많고 자연보호주의자, 자연보호단체도 많고 많지만, 불교만큼 지극한 정성과 사랑으로 모든 생명을 아끼고 귀히 여기고 존중하고 지키는 데가 또 있을까?

　불교가 내리는 십계(十戒) 가운데 첫째가 살생하지 말라이니 모든 생명 있는 것을 죽이지 말라고 엄히 경계하고 있다. 그러나 기독교의 십계명은 첫째가 다른 신을 섬기지 말 것, 둘째가 우상을 섬기지 말 것, 셋째는 하느님의 이름을 망령되어 하지 말 것, 넷째 안식일을 지킬 것, 다섯째 어버이를 공경할 것, 여섯째에야 살인을 하지 말 것을 이르고 있다.

　불교는 사람 목숨뿐만 아니라 모든 생명을 해치지 말라고 하는 데 비해 기독교는 사람만을 죽이지 말라고 가르치고 있으니, '생명'을 아끼고 사랑하는 일에서 보면 그 차원이 실로 하늘과 땅 차이라고나 할까.

　절에서 아침 저녁으로 하루도 **빠**뜨리지 않고 울리는 범종과, 두드리는 법고, 그리고 운판·목어를 합해 사물(四物)이라고 부른다. 그렇다면 범종을 울리고, 북을 두드리고, 운판을 치고, 목어를 두드리는 것은 어떤 의미를 갖는가?
　해질녘 산사에서 울리는 범종소리는 산을 넘고 들판을 가로질러 멀리멀리 울려 퍼진다. 이 범종을 치면서 스님들은 이렇게 독경을 한다.
　"이 종소리 듣고 번뇌 끊어지고 지혜가 자라고 보리심이 생겨나 지옥을 벗어나고 불 속에서 벗어나 부처 이루어 중생을 건지사이다."
　지옥에 있을 중생들을 위해, 지옥에 있을 중생들을 화탕지옥의 괴로움에서 벗어나게 하고자, 그래서 범종은 아침 저녁 **빠**짐없이 그 장중한 범음(梵音)을 산 넘고 들을 지나 구만 리 장천까지 울려 보내고 있다. 범종은 살아 있는 자들을 위해 울리는 것만이 아니라 죽은 자들까지 제도하고자 넉넉하고 자비롭고 포근한 소리를 울려내고 있다.
　북은 이 땅 위에 살고 있는 모든 축생(畜生)들을 위해서, 운판은 이 세상의 모든 날짐승들을 위해서, 그리고 목어는 이 세상의 모든 물 속에 살고 있는 생명들을 위해서 하루도 걸르지 않고 아침 저녁 울리고 있다.

"지옥에서, 허공에서, 땅 위에서, 물 속에서 고통받고 있는 모든 생명 있는 중생들이여. 이 종소리 듣고, 이 운판소리 듣고, 이 북소리 듣고, 이 목어소리 듣고, 지혜의 눈을 떠서 근심·걱정·괴로움의 바다인 육도윤회(六道輪廻)에서 벗어나소서. 그리하여 부처 이루어 또다른 중생들을 구하옵소서."

이렇게 간절히 독경하며 스님들은 아침 저녁 범종을 울리고, 북을 두드리고, 운판을 치고, 목어를 두드린다.

이 세상에 이보다 더 지극한 생명 사랑의 가르침이 또 어디에 있겠는가? 풀 한 포기, 벌레 한 마리인들 어찌 그 생명이 존귀하지 않으랴. 요즘에야 자연보호다, 생명사랑이다, 환경보호다 떠들고 있지만, 석가모니 부처님은 실로 2,500여 년 전에 이미 "이것이 있으므로 저것이 있고, 저것이 있으므로 이것이 있다"고 가르쳐주었다.

풀 한 포기, 벌레 한 마리가 제대로 살 수 있는 세상이라야 사람도 살고 짐승도 살 수 있다. 물고기 한 마리가 마음 놓고 살 수 있는 물이라야 사람도 다른 생명도 살 수가 있다. 모든 생명 있는 것을 아끼고 사랑하라는 부처님의 가르침은 이 땅에 들어와서 우리 조상들의 생활 속에 깊이 뿌리를 내렸고 실천되었다.

우리나라 금기어(禁忌語) 가운데 살아 있는 목숨을 죽이지 말라는 가르침을 그대로 담고 있는 것을 보면 불교가 우리 조상들의 아름다운 심성을 가꾸고 지키는 데 얼마나 크게 기여했는가를 바로 알 수 있다.

▮ 참새고기를 먹지 말아라, 그릇을 잘 깬다.
▮ 까마귀고기를 먹지 말아라, 깜빡 잘 잊는다.
▮ 오리고기를 먹지 말아라, 손발 붙은 자식을 낳는다.
▮ 기러기를 잡지 말아라, 부부간에 이별수가 있다.
▮ 원앙새를 잡지 말아라, 부부간에 사별수가 있다.
▮ 새끼 벤 짐승을 잡지 말아라, 자식이 단명한다.

생명 사랑을 실천하기 위해서 불교는 이렇게 타이르고 가르쳐 왔다. 그리고 거기에서 한걸음 더 나아가 늦가을 과일나무에서 과일을 딸 적에 날짐승들의 겨우살이를 염려한 나머지 과일나무에 '까치밥'을 남겨두는 아름다운 마음, 넉넉한 마음을 가꾸며 살았다.

"산 목숨을 죽이지 말라."

불교의 모든 계율 가운데 첫째 계율인 불살생(不殺生)은 서양 종교의 "살인하지 말라"와는 차원이 다르다.

아아, 그러나 이 일을 어찌할거나. 논고랑에는 미꾸라지가 없고, 실개천에는 송사리가 없고, 하천에는 모래무치가 없고, 강에는 썩은 물, 바다마저 갈수록 오염되어 나날이 생명들이 사라지고 있다.

후회 없는 인생

사람에게는 누구나 이 세상에 태어나서 삶을 누릴 수 있는
어떤 한계가 있다. 그 한계가 20년일지 50년일지 90년일지, 운
수 좋게도 100년을 넘을지, 그것은 어느 누구도 알 수가 없지
만 한 가지 사실만은 분명하다. 그것은 이 세상 어느 누구든지
200년 이상은 생존할 수 없었다는 사실이다. 그리고 그 어느
누구도 영원히 살아있을 수는 없다는 사실이다.

사실 따지고 보면 세월이라고 하는 시간에는 원래 시작도 끝
도 없는 것이다. 시간이 언제부터 있었고 언제쯤 끝날 것이라
고 어느 누가 딱 부러지게 대답할 수 있을 것인가? 아니, 어쩌
면 이 세상에는 시간이라는 것 자체가 아예 없는 것인지도 모
른다. 다만 인간이 그 생존기간과 생활의 편의에 따라, 1분이라
든가, 하루라든가, 한 달이라든가, 1년이라든가 하는 구획을 그
어 놓고 살아가고 있을 뿐인지도 모른다. 세월이라고 불리는
시간은 오는 일도 없고 가는 일도 없이 그냥 그대로 가만히 있

는데, 인간이 스스로 몸이 달아서 "아, 세월이 유수처럼 흘러간다"고 아쉬워하고, "아, 덧없는 세월이여!" 하고 탄식도 한다.

시계가 멈추어도 해는 지고, 닭이 울지 않아도 새벽은 열리고, 시계가 없어도 달은 뜨고 달은 진다. 아니, 해나 달은 그 자리에 그대로 있는데, 지구가 자전과 공전을 하면서 지구에 살고 있는 인간이 해가 뜬다, 달이 진다 착각하고 있다.

어떻게 생각하면 시간은 태초부터 그렇게 오고감이 없이 그대로 있는데, 오직 생명만이 오고갈 뿐이다. 왔으면 가야 하는 유한성의 생명, 그것에 비해 시작도 없고 끝도 없는 세월을 놓고 빠르다거니, 더디다거니 하는 인간의 이 느낌과 표현이야말로 부질없는 것인지도 모른다.

사람은 누구나 나이 마흔을 넘으면 어렴풋이나마 앞으로 살 수 있는 시간이 얼마 남지 않았음을 느끼게 된다. 나이 쉰이 넘으면 '아, 이제 정말 내 인생도 얼마 남지 않았구나!'를 절감하게 될 것이요, 나이 예순, 일흔을 넘으면 그야말로 세상 떠날 날이 내일일지 모래일지 모른다는 절박한 생각을 갖게 될 것이다.

그러면서 아직도 인생에 대해서 제대로 터득하지 못한 몇 가지 의문을 갖게 될 것이다. 물론 '사람이 어떻게 살아야 가장 잘사는 것인가' 하는 물음을 갖기 시작한 것이 20대부터일 수도 있고, 30대에 그 질문을 자기 자신에게 던질 수도 있다. 그러나 대부분의 어리석은 중생들은 나이 60, 70이 넘을 때까지 '어떻게 사는 게 가장 옳은 삶인가?'에 대해서 명확한 해답과 실천을 하지 못한 채 이 세상을 떠나게 마련이다.

《아함경》을 보면 아라비카 약샤에게도 부모 때부터 내려오
는 인생에 대한 의문이 있었다. 이 의문을 속시원히 대답해 줄
사람이 있으리라 믿어 왔던 약샤는 어느 날 부처님께 이 의문
을 내놓았다.

이 세상에서 가장 뛰어난 부(富)는 과연 무엇입니까?
평안을 가져오는 것은 과연 무엇입니까?
맛 가운데서 가장 좋은 맛은 과연 무엇입니까?
어떻게 사는 것을 훌륭한 삶이라 합니까?
어떻게 바다를 건너고, 어떻게 악마를 이기며, 어떻게 번뇌를
떠나고, 어떻게 청정(淸淨)을 얻을 수 있습니까?
어떤 것이 지혜를 얻는 길이며, 어떤 것이 부를 쌓는 길입니까?
어떻게 하면 칭송을 얻고, 어떻게 하면 친구가 떠나지 않습니까?
어떻게 하면 이 세상에서 저 세상으로 가서도 슬픔이 없습니까?

석가모니 부처님은 약샤의 이 질문을 받고 다음과 같이 조용
히 대답하였다.

믿음이 가장 뛰어난 부(富)요, 바른 행실이 평안을 가져온다.
진실이 맛 가운데서 가장 좋은 맛이요, 지혜로운 생활이라야
훌륭하다 하느니라.
믿음을 의지해서 바다를 건너고, 방일(放逸)을 떠나 악마를
이기고, 정진(精進)을 의지해서 번뇌를 떠나며, 지혜를 닦아 청
정을 얻는다.

성인(聖人)을 믿고 깨달음의 법을 들어 방일하지 않고 분별 있으면 지혜를 얻으리라.

행실이 바르고 무거운 짐 견디며, 부지런히 힘쓰면서 서두르지 않으면 부(富)를 얻으리라.

진실을 말하면 칭송을 얻고, 기꺼이 보시(布施)하면 친구는 떠나지 않는다.

진실과 정직, 착실과 보시, 이 네 가지를 지녀서 믿음 있으면 속인(俗人)으로 죽어도 슬픔이 없느니라.

우리는 새해를 맞이할 때마다, 나이 한 살을 더 먹을 때마다, 각오를 새롭게 하기도 하고, 계획을 다시 세우기도 하고, 마음속으로 다짐을 몇 번이고 해가면서 '나는 앞으로 이렇게 살리라'고 입술을 깨문다. 그러나 1년이라는 세월이 바람처럼 지나고 나면 우리는 또 똑같은 어리석은 되풀이를 얼마나 많이 해왔던가?

그러다가 후다닥 정신을 차리면, '아니, 내 나이가 벌써 이렇게 되었나?' 싶어 마음만 조급해져서 물인지 불인지 분별조차 제대로 못한 채 허둥대다가 오히려 일을 그르치기도 하고, 망신을 당하기도 하고, 비극의 구렁텅이로 빠지기도 한다.

그러나 보라. 시작도 끝도 없는 시간에 비하면 우리는 한 잎, 풀잎 끝에 맺힌 이슬일 뿐이다. 저 영원한 세월에 비하면 우리는 언제 일어났다가 언제 스러질지도 알 수 없는 물거품일 뿐이다. 이 한 방울 이슬일 뿐이요, 저 허망한 물거품일 뿐인 우리가 아무리 저 잘났다고 뽐내고 으시대고 발버둥을 쳐봐야 얼마나 가소로운 일인가? 500년 묵은 한 그루 은행나무는 우리를 비웃을 것이다. 기껏해야 100년도 못 사는 게 으시댄다고. 천년 만년을 그대로 버티고 앉아 있는 한 덩어리 바위도 우리를 비웃을 것이다. 기껏해야 100년도 못 사는 것들이 악을 쓰며 발버둥친다고……

그렇다. 우리는 정말이지 보잘것없는 유한생명이다. 그러나 무엇이 가장 소중하고 귀한 것인가를 알고 살아야 한다.

대부분의 사람들은 돈과 땅과 건물을 가장 소중한 부로 여긴다. 그래서 돈을 버는 데는 인정사정 없고, 피도 눈물도 없고, 우정도 의리도 없다. 눈앞에 쌓여 있는 돈을 제 손에 움켜쥐기 위해서 자식이 아비를 감옥에 집어넣고, 아비가 자식을 고발하는 한심한 세상이 되었다. 빌딩 소유권을 제가 가지려고, 회사 운영권을 제 손아귀에 넣으려고 아우가 형을 몰아내고, 형이 아우를 고발하고, 조카가 숙부를 고발하고, 숙부가 조카를 교도소에 보내는 끔찍한 세상이 되었다. 쥐꼬리만한 권력을 제 손아귀에 넣으려고 동생이 형을 몰아내고, 후배가 선배를 쫓아내는 무서운 세상이 되었다.

그러나 몇백억 원의 현찰을 가졌노라고 으시대던 족속이 죽어서 단돈 100원이나마 가지고 갔다는 소리를 나는 아직 듣지를 못했다. 몇십 층짜리 빌딩을 여러 채 가졌다고 뽐내던 족속이 죽을 때 빌딩 한 채라도 가지고 갔다는 소리도 나는 아직 듣지 못했다. 수많은 감투와 권력을 한손에 쥐었던 그 많은 왕과 제후·장군·대통령·수상·장관들이, 죽을 때 그 권력을 그대로 가지고 갔다는 소리도 아직 나는 들어보지 못했다.

　행복은 돈 많은 순서대로 매겨지는 것이 아니다. 행복은 권력의 순서대로 배급되는 것도 아니다. 행복은 빌딩 많은 순서대로 나눠지는 것도 아니다. 행복은 유명한 순서대로 얻어지는 것도 결코 아니다.

　세월이 빠르다고 한탄할 것 없고, 세월이 더디다고 안달할 것도 없다. 세월이야 가건 말건, 어차피 이 세상에 태어나서 얼마 동안 머물다 사라질 우리. 행실이 바르고 무거운 짐 짊어지고 부지런히 힘쓰면서 서둘지 않으면 일정한 부(富)를 얻을 것이요, 진실을 말하면 칭송을 얻고, 기꺼이 보시하면 친구가 내 곁에 머물 것이니, 진실과 정직, 착실과 보시, 이 네 가지를 지녀서 믿음 있으면 속인으로 죽어도 슬픔이 없으리라는 부처님의 가르침을 따르면서 후회 없는 인생을 사는 사람, 바로 그 사람이 가장 행복한 사람이 아니겠는가.

　어제도 변함없고, 오늘도 변함없고, 내일도 변함없이 '나는 행복한 사람이다'고 생각하고 사는 사람, 바로 그 사람이 행복한 사람이다. 높은 사람이 행복한 사람이 아니요, 돈 많은 사람이 행복한 사람이 아니요, 유명한 사람이 행복한 사람이 아니라, 부처님의 법을 만나 그대로 사는 사람, 권력 없고, 돈 없고, 유명하지 않은 사람, 우리 보통 사람이 진짜 행복한 사람이다.

그대는 세 명의 사자를 보았는가?

사람이 이 세상에 한 번 태어나서, 어떻게 한평생을 사는 것이 가장 잘 사는 것인가? 과연 사람은 어떻게 사는 것이 가장 훌륭하게 사는 것인가?

사람들은 누구나 세상을 조금씩 알아가면서, 인생이 무엇인가에 조금씩 눈을 떠가면서, '어떻게 살아야 하는가'에 많은 생각을 하게 된다. 그래서 옛 성인들의 가르침에 귀를 기울이기도 하고, 옛 철학자의 말에 귀를 기울이기도 하고, 수많은 책과 수많은 가르침을 좇기도 한다. 그리고 갖가지 처세술과 처세훈을 배우고, 그 가르침대로 살아보려고 애를 쓰기도 한다.

세상 살아가기가 갈수록 어려워지고 각박해지자 요즘 젊은이들 가운데는 《카네기 처세술》이나 누구누구의 명상록을 읽고 그 가르침대로 따르려고도 한다. 그러나 내가 그동안 읽고 접해본 수많은 가르침과 처세술과 처세훈 가운데에서 석가모니의 가르침보다 더 쉽고 훌륭하고 도움이 되는 것을 보질 못했다.

그동안 내가 읽은 어떤 소설책에서도, 어떤 철학책에서도, 어떤 처세술에서도 느끼지 못한 지혜와 감동을 나는 석가모니의 가르침 가운데서 수없이 만나는 기쁨을 맛보았다. 그래서 나는 감히 석가모니의 가르침이야말로 가장 뛰어나고, 가장 마음에 와닿는 처세훈이라고 첫손에 꼽는다. 석가모니의 가르침을 그대로 배우고, 마음에 지니고, 실천해가기만 한다면, 누구나 가장 값진 인생을 살아갈 수 있을 것이다. 석가모니의 가르침을 마음으로 터득해서 그대로만 살아간다면 그는 누구에게나 존경받고, 누구에게나 사랑받고, 누구에게나 부러움을 받는 그런 한평생을 살 수 있을 것이다.

이 세상에 생명 있는 모든 것은 언제나 죽어 없어진다는 사실을 모르는 사람은 없다. 제 아무리 나는 새도 떨어뜨리는 권력을 쥐었던 사람도, 30층짜리 빌딩 안에 만 원짜리 지폐를 가득 쌓아둘 만큼 돈을 많이 가진 재벌도, 죽음 앞에서는 꼼짝없이 두 손을 들었고 어김없이 사라져갔다.

우리는 이런 엄숙한 죽음을 수없이 보고 듣고 만나면서도, 그 죽음을 남의 것으로만 보고, 남의 것으로만 건성으로 듣고, 남의 것으로만 건성으로 지나치며, 그 어쩔 수 없는 죽음의 순간이 정작 나 자신에게 닥쳐오리라는 엄숙한 사실을 잊은 채 살아가고 있다. 만일 우리가 그 무섭고도 엄숙한 죽음의 순간이 언젠가는 나에게 닥쳐 온다는 사실을 늘 생각하고 산다면, 그렇게 악착같이 남을 해치고, 남을 속이고, 남을 죽이고는 살지 않을 것이다. 내가 아무리 바둥거려 보았자, 저 무섭고도 어쩔 수 없는 죽음이 어김없이 나를 이 세상에서 데려가 버린다는 사실을 늘 생각하고 산다면, 우리는 그토록 치사하고 더럽고 주접을 떨면서 살지는 않을 것이다. 남에게 욕먹을 짓을 해가면서 살지는 않을 것이요, 남의 눈에서 피눈물 나오게 하면서는 살지 않을 것이요, 남의 것을 훔치면서 더럽게는 살지 않을 것이다. 강한 자에게는 굽실거리면서 아부하는 비굴한 삶을 살지는 않을 것이요, 약한 자에게 호랑이 노릇을 해가면서 치사하게 살지는 않을 것이다.

그래서 석가모니 부처님께서는 끝에 가서는 엄숙한 죽음이 너에게 온다는 엄연한 사실을 늘 잊지 말고, 당당하게 사람답게 살라고 가르쳐주었다. 석가모니 부처님은 기원정사에 계실 때 수많은 대중들을 모아 놓고 다음과 같이 말씀하였다.

어떤 사람이 이 세상에서 악한 일을 하고 죽어서 지옥에 떨어졌다. 옥졸은 그 사람을 염라대왕 앞으로 끌고 갔다.

"염라대왕이시여. 이 자는 세상에 살아 있을 때, 부모에게는 불효했고, 사마나와 브라만을 존경하지 않았으며, 스승과 어른을 공경하지 않은 죄로 여기 잡아왔으니 적당한 벌을 내리십시오."

그때 염라대왕은 그 사람에게 물었다.

"너는 인간세상에 있을 때, 내가 보낸 첫번째 사자(使者)를 보았는가?"

"대왕이시여. 본 일이 없습니다."

"그러면 너는 늙고 허리가 구부러져서 지팡이에 의지하여 비틀거리는 사람을 보지 못했단 말이냐?"

"대왕이시여. 그런 노인들은 수없이 보았습니다."

"너는 그것을 보고도, 나도 저렇게 늙을 것이니 한시 바삐 몸과 말과 마음으로 착한 일을 해야겠다고 생각지 못했는가?"

"미처 그 생각은 하지 못했습니다."

"그럼 내가 보낸 두 번째 사자는 보았느냐?"

"보지 못했습니다."

"너는 병든 사람이 홀로 누워서 일어나지도 못해 자기 대소변 속에서 뒹굴고 있는 가엾은 모습을 못 보았단 말인가?"

"대왕이시여. 그런 것은 수없이 보았습니다."

"너는 그것을 보고도, 나도 병에 걸릴 수 있다는 생각을 하지 못했는가?"

"어리석은 탓에 그런 것은 미처 생각지 못했습니다."

"그럼 너는 내가 보낸 세 번째 사자를 만나보았는가?"

"만나보지 못했습니다."

"그럼 너는 사람이 죽은 뒤, 이틀 사흘이 지나면 시체가 부풀어 오르고 고름이 흘러 나오는 것을 본 적이 없단 말이냐?"

"대왕이시여. 그런 시체는 수없이 보았습니다."

"너는 그것을 보고도 어찌하여 깨닫지 못했느냐? 너는 이제 그 게으른 죄에 대한 업보로 벌을 받지 않으면 안 된다. 그것은 너의 부모나 형제, 자매, 친구나 친척이 한 일이 아니고, 네 스스로 지은 일이니라. 그러므로 벌도 네 스스로 받아야 한다."

염라대왕이 이렇게 말을 마치자 옥졸이 그 사내를 끌어다가 활활 타는 불구덩이 속에 집어던져 버렸다. 이것이 바로 염라대왕이 이 세상에 보내는 세 명의 사자(使者)다. 이 사자를 보고 정신차려 게으름을 버리는 사람은 다행스러운 사람이지만, 이 사자를 보고도 깨닫지 못한 사람은 길고 긴 밤을 슬퍼하게 될 것이다.

노인과 병자와 시체.

우리는 누구나 이 세 가지를 수없이 보고, 듣고, 만나면서 살아가고 있다. 그러나 우리는 이 노인과 병자와 시체라는 세 가지의 사자를 늘 보고, 듣고, 만나면서도 그냥 건성으로 지나치기만 할 뿐, 정작 저 세 사자를 나에게 보낸 것이라고는 생각조차 못하고 있다.

그러다 어느날 갑자기 우리는 어쩔 수 없이 저 세 명의 사자가 나를 직접 찾아왔다는 엄연한 사실을 느닷없이 통고받게 될 것이다. 그제서야 후다닥 정신을 차리고 아무리 발버둥을 쳐봐야, 지내온 인생이 너무 잘못 투성이었고, 너무 나쁜 일투성이었고, 후회투성이었다는 사실을 알게 될 것이다. 그러나 세 명의 사자가 나에게 직접 다가온 다음에 발버둥치고 가슴을 치며 후회해 본들 무슨 소용이 있을 것인가? 관(棺) 속에 들어가 땅에 묻힌 뒤에 후회한들 무엇하고, 착한 마음 먹어본들 무슨 소용이랴.

내가 이 땅 위를 걸어다닐 때, 내가 내 콧구멍으로 숨을 쉬고 있을 때, 내가 내 손발을 마음대로 움직일 수 있을 때, 내가 내 입으로 말할 수 있을 때, 좋은 생각으로 좋은 일을 하고, 좋은 것을 보고, 좋은 말을 해두어야 한다. 영원한 세월에 비하면 인생은 정말 너무나 **짧**다. 그 **짧**은 인생은 좋은 생각, 좋은 말, 좋은 일을 하기에도 너무나 **짧**다. 이 **짧**고 소중한 인생이거늘 남으로부터 욕먹을 짓할 시간이 어디 있으며, 남의 손가락질 받을 짓할 시간이 어디 있으며, 남을 해치고 남의 것을 훔칠 시간이 어디 있겠는가?

우리는 오늘도 이웃에서, 거리에서, 염라대왕이 보낸 세 명의 사자를 만나고 있다. 그 세 명의 사자가 다행스럽게도 오늘은 우리에게 찾아오지 않았지만, 언제인가는 어김없이 우리에게도 올 것이라는 점을 다시 한번 명심해두자. 그리고 떳떳한 인생, 당당한 인생, 자랑스런 인생을 살아가는 데 더욱더 부지런히 애쓰자.

세 명의 사자.

그렇다. 세 명의 사자는 오늘도 우리에게 경고하고 있다. 어리석은 한평생을 살지 말라고.

주어라, 그러면 행복할지니

대학에 다닐 때 나는 무척 곤궁한 처지였다. 성북동 꼭대기에서 남산 밑 필동에 있는 학교까지 전차비가 없어서 걸어다닐 정도였고 이화동에서 자취할 무렵에는 하루에 한 끼로 견딘 날이 많았으니까.

그 무렵 내가 다니던 모교에서는 매주 월요일 아침 한 시간씩 총장의 특별강의가 있었는데 당시의 총장은 백성욱 박사였다. 하루는 백박사가 강의를 하면서 "사내 대장부답게 당당하게 살려면 얻어 먹을 생각을 하지 말고 줄 생각부터 하라"고 말씀하는 것이었다. 누구한테서 무얼 좀 얻어 먹을까 생각하면 허리를 굽실거려야 하고, 고개를 숙여야 하고, 손을 비벼야 하고, 그렇게 허리를 굽실거리고 고개를 숙이고 손을 비비다보면 생각까지 비굴해져서 아부형 인간, 간신형 인간, 치사한 인간이 되게 마련이다. 그러나 보리밥 한 덩어리일망정 남에게 주면서 살 생각을 하면 당당한 자세로 가슴을 활짝 펴고 떳떳한 생각으로 대장부답게 살 수 있다.

그날 들려준 백박사의 특강 내용은 대충 그런 뜻이었다. 그런데 '얻어 먹을 생각을 하지 말고 줄 생각부터 하라'는 그 한마디 말씀을 듣고 난 뒤부터 이상하게도 그 말씀의 여운이 늘 내 마음속에서 떠나지 않고 나이가 들수록 새롭게 나를 채찍질해주고 있다.

솔직히 털어 놓자면 우리는 누구나 무엇인가를 더 얻고, 무엇인가를 더 갖고, 무엇인가를 더 많이 '내 것'으로 만들려고 몸부림치고 있다.

그러나 세상만사가 내 뜻대로만 되어 주는 게 아니라서 더 얻으려다가 더 잃기도 하고, 더 가지려다가 실패하기도 하고, 더 많은 것을 '내 것'으로 만들려다가 더 많은 것을 잃기도 한다. 그렇게 되면 우리는 속상해 하고 화내고 세상을 원망하고 친구를 미워하며 안타깝고 억울하고 분해서 이를 갈며 밤잠을 이루지 못한다. 더 얻으려다가 못 얻게 되고, 더 가지려다 잃게 되면 사람은 열이면 열 다 기분이 나빠지고 화내게 되고 불행해진다.

백성욱 박사가 말씀하신 대로 뭘 좀 얻어 먹을까 하는 생각을 갖게 되면 바로 그 순간부터 자기도 모르게 허리가 구부러지고, 고개가 숙여지고, 두 손을 비비게 되고, 비위를 맞추려는 헛소리를 늘어 놓게 된다. 뭘 좀 얻어 먹을까 하는 그 생각을 하면 바로 거기에서 아부하는 말, 간사스러운 말, 이간시키는 말이 자동적으로 술술 나오게 마련이다. 뭘 좀 얻어 먹을까 하는 생각이 더 강해져서 뭘 좀 '빼앗아 먹을까'로 발전하게 되면

모략중상을 하게 되고, 욕설이 나오게 되고, 속임수가 나오게
되고, 헛소문을 퍼뜨리게 되고, 거기서 한 발짝만 더 나가면 도
둑질·강도질·살인까지 저지르게 된다.

그러고 보면 이 세상의 모든 범죄, 모든 사회악은 '뭘 좀 얻
어 먹을 수 없을까'에서 출발하여 '뭘 좀 빼앗아 먹을 수 없을
까' 하는 바로 그 생각 때문에 일어나고 있다.

그래서 부처님은 여섯 가지 바라밀 가운데서도 보시 바라밀
을 첫째로 가르치고, '주는 것'을 가장 큰 덕행으로 강조하였다.
"구하라, 그러면 얻을 것이요"가 서양 종교의 이기적인 가르침
이라면, 부처님은 그 반대편에 서서 "주어라, 그러면 행복할 것
이니"라고 가르치고 있다.

우리는 우리들의 일상생활 속에서 부처님의 이 진솔한 가르
침을 얼마든지 실제로 겪고 맛볼 수 있다. 만원버스 안에서 나
이 많은 할머니에게 선뜻 자리를 내드렸을 때, 우리의 마음은
얼마나 편해지는가? 아이 업은 아주머니에게 선뜻 자리를 내
주었을 때, 우리의 마음은 얼마나 상쾌한가? 주인 잃은 돈지갑
을 길에서 주웠을 때 갖고 싶은 유혹을 단호히 물리치고 주인
에게 연락해서 전해주고 돌아선다면 그 발걸음은 얼마나 가벼
운가? 고생하는 친구가 찾아왔을 때, 쌀 한 가마 값이라도 쥐
어 줄 수 있다면 그때의 기분은 얼마나 흡족한가?

우리는 그것을 위선이라 부를 수 없다. 나이 많은 노인에게
자리를 내드리고, 아이 업은 아주머니에게 자리를 내주고, 돈지
갑을 잃어버린 사람에게 돈지갑을 찾아주고, 생계가 어려운 친
구에게 쌀 한 가마라도 도와주는 것, 그것은 결코 위선이 아니다.

"남한테 뭘 준다는 게 쑥스럽고 위선 같아서……."

바로 이런 생각 때문에 노인이 버스 안에 올라와도 창 밖으로 얼굴을 돌리고 만다면 바로 그것이 위선이라 할 수 있다.

분명히 나이 많은 노인이 버스에 올라와서 내 근처에 휘청거리며 서 있는데도 자리를 내주는 게 어색하고 싫어서 창 밖을 내다보는 척 고개를 돌리고 앉아 있다면, 바로 그 순간부터 마음은 얼마나 불편해지는지 겪어본 사람은 잘 알 것이다. 그런 불편한 마음으로 자리에 앉아 있다면 그 자리는 편안한 좌석이 아니라 그 순간부터 바늘방석이다.

이것저것 따지지 않고 노인이 올라오면 선뜻 일어서서 자리를 내드리면, 바로 그 순간 우리의 마음은 편해지고 홀가분해진다. 그리고 그것이 바로 그 순간의 행복이다.

"돈이든, 물건이든, 친절이든, 무엇이든 주어라, 그러면 행복할 것이다."

어차피 그것이 인생이거늘

    어느 가정에서나 자녀들이 중학교에 다닐 **때**쯤 되면 주부들은 가정생활에 대해서 짜증을 내기 시작한다. 허구헌 날 새벽같이 일어나서 밥짓고, 반찬 만들고, 밥상 차리고, 아이들 도시락 싸고, 남편 출근시중 들고, 그리고 나서 남편과 아이들이 우루루 직장과 학교로 가버리고 나면, 식은밥 한덩이를 혼자서 먹고, 그리고 나면 해야 할 설거지가 산더미 같아 보이고, 해야 할 **빨래**더미가 아득하기만 하고……. 가까스로 설거지를 마치고 **빨래**를 끝내고 나면 집안청소를 또 해야 하고, 그러고 나면 또 남편과 아이들을 위해서 저녁 지을 준비를 해야 하고…….

    일주일에 한 번씩 일요일이 있다고는 하지만 일요일이라고 해서 밥을 안 짓는 게 아니요, 설거지가 없는 것도 아니요, 빨래거리가 안 나오는 것도 아니니, 그렇게 되면 가정주부의 하루하루는 그야말로 끝도 없는 지겨운 일의 연속이요, 1년 365일이 재미도, 변화도 없는 따분한 나날이 개미 쳇바퀴 돌 듯

연속되고 있다.

그래서 이젠 살림하는 재미도 없고, 모든 게 따분하고 짜증스럽고, '도대체 이게 내 인생인가' 하고 회의에 빠지기도 하고 심한 경우에는 신경질이 되며, 더 심한 경우에는 우울증에 빠지고 세상만사 다 귀찮은 권태증에 사로잡히기도 한다.

그러나 하루하루 똑같은 일의 되풀이가 어찌 꼭 가정주부에게만 해당되는 것이랴. 아이들은 아이들대로 자고 나면 지겨운 학교 갈 준비, 밥숟가락을 놓기가 무섭게 행여라도 지각을 할까 봐 종종걸음으로 달려가고, 학교 공부가 시작되자마자 매일처럼 그 하기 싫은 공부를 억지로 해야 하고, 시험에 대비해서 시험공부를 해야 하고, 끝도 없는 공부와 숙제와 시험과 점수의 공포증에 시달리고 잠을 자면서도 악몽에 시달린다.

중학교 2학년 이상의 학생들에게 한번 물어보라. 지금 당장의 소원이 무엇인가 하고. 그럼 아이들은 이구동성으로 대답할 것이다.

"실컷 한번 잠을 자봤으면……."

"실컷 한번 마음놓고 놀아봤으면……."

하루하루가 지겹고 짜증나고 따분하기는 학교에 다니는 아이들도 마찬가지다.

그렇다고 출근한 남편이라고 해서 하루하루가 늘 신나고 재미있고 즐거운 것이라고 생각하는가?

남편은 대문을 나서면서부터 출근시간에 늦지 않으려고 발버둥을 치고, 만원버스나 지하철에 시달려야 하며, 허구헌 날 출근하자마자 윗사람의 잔소리를 듣고 업무에 대한 꾸중을 듣고,

그야말로 아침부터 재수없게 주눅이 들어서 하기 싫은 일을 시작해야 하고, 눈치를 봐야 하고.

"불가능한 것을 가능하게 하라"는 엄명을 받고 "하면 된다!"는 불호령 속에 하루종일 시달리다가 만원버스나 지하철에 시달려 집으로 돌아오면 아내의 짜증스런 얼굴에서 또 한번 피곤을 느껴야 한다.

남편이 국장이건 상무건 사장이건간에, 그에게는 언제나 신나는 일만 있고 즐거운 일만 있고 기분 좋은 일만 일어나는 게 아니다. 즐거운 일이 한 가지라면 귀찮은 일, 하기 싫은 일, 화나는 일이 아홉은 되는 게 우리가 겪는 일상생활이다.

그래서 석가모니 부처님은 우리에게 일찍이 가르쳐주었다. 인생은 어차피 그런 것, 한번 이 세상에 태어났으면 무슨 일인가 하지 않으면 안 되고, 그 일을 귀찮게 생각하는 것은 어리석은 짓이요, 자기 스스로를 망치는 짓이라고……

그럼 여기서 부처님이 가르쳐주신 이야기 한 토막을 또 들어보자.

 옛날에 한 농부가 있었다. 그는 잔칫날을 앞두고 손님들에게 대접할 우유를 짜 모으다가 문득 이렇게 생각했다.

'날마다 우유를 짜 모으면 저장할 곳도 마땅치 않거니와 귀찮기도 하다. 그러니 소 뱃속에 우유가 고여 모이도록 내버려두었다가 잔칫날에 가서 한꺼번에 짜는 것이 좋겠다.'

이렇게 생각한 농부는 송아지마저 어미소의 젓을 못 먹게 따로 떼어 놓고 소 뱃속에 우유가 고이도록 잔칫날까지 한 달을 내버려두었다.

드디어 잔칫날.

농부는 손님을 모아다 놓고 한 달치 우유를 한꺼번에 짜내려고 하였다. 그러나 한 달치 우유는커녕 단 한 잔의 우유도 나오지 않았다.

부처님은 왜 이런 비유를 들려준 것일까?

오늘 우리가 아무리 지겹고 귀찮고 따분하다고 하더라도 귀여운 내 자식에게 사흘치 밥 아홉 그릇을 한꺼번에 먹일 수 없고, 열흘 동안 가야 할 화장실을 한꺼번에 몽땅 미리 가버릴 수는 없다.

또 이런 이야기도 있다.

아버지가 딸에게 정원에 떨어져 뒹구는 낙엽을 쓸도록 했다.

"아빠. 낙엽을 쓸면 뭘 해요? 바람이 불면 금방 또 떨어질 텐데요?"

"그래? 그럼 너 오늘 점심을 굶도록 해라."

"아니 왜요?"

"점심은 먹어서 뭘 할 거냐? 먹어도 저녁 때가 되면 또 배가 고파질 텐데……?"

우리의 인생살이는 모두가 그와 같다. 쓸면 또 떨어지고 쓸면 또 떨어지는 낙엽처럼 우리는 아침에 밥을 먹어도 점심 때가 되면 배가 고파지고, 점심 때 밥을 먹고 나도 저녁 때가 되면 또 금방 배가 고파진다. 그것은 바로 내가 살아 있다는 증거요, 내 건강에 이상이 없다는 확실한 보증이다. 그런데 어찌 그것이 귀찮은 일일 수 있고, 싫은 일일 수 있는가?

어젯밤 8시간을 자고 났는데도 오늘밤이 되면 또 졸리는 것, 그것이 바로 내가 살아 움직였다는 증거요, 또 내일에도 살아 있으리라는 즐거운 증좌이다.

귀찮은 일 없고, 하기 싫은 일 없고, 해야 할 일이 없는 사람, 그런 사람이 이 세상에 단 한 사람이라도 있을까? 마찬가지로 신나는 일만 있고 즐거운 일만 하고 기분 좋은 일만 골라서 하는 사람도 이 세상에는 단 한 사람도 없다.

귀찮은 일도 하다보면 신나는 일도 생기고, 하기 싫은 일도 하다가 보면 더러 하고 싶은 일도 하게 되기도 하는 것, 그것이 바로 사는 것이요. 그것이 바로 인생살이다.

이 세상 누구든지 배불리 먹고 편히 자는 것을 싫어할 사람은 없지만, 화장실에 들락거리는 것을 기분 좋아하고 즐겁게 여기는 사람도 없을 것이다. 이 세상 누구든지, 이 세상에 태어난 걸 기분 나쁘게 생각하지는 않지만, 이 세상을 떠나야 한다는 데 대해서는 기분 좋을 사람도 없다. 그러나 어차피 그것이 인생이다. 귀찮기는 하지만, 지겹기는 하지만, 봄에 씨를 뿌리고 여름에 가꾸어야 가을에 수확을 거두어들일 수 있다.

한 시간만 더 자고 싶고, 실컷 한번 놀아봤으면 하지만, 어렸을 때 배우고 공부를 해두지 않으면 시집 장가 간 다음에는 공부하고 배울 여가가 없다. 성년이 되고 나면 배우고 공부하고 싶어도 우리에게 배우고 공부할 시간적 여유도 경제적 여유도 보장되지 않는다. 성년기는 공부할 시기가 아니요, 일할 시기이기 때문이요, 늙어서는 더더구나 공부하기 어렵기 때문이다.

찬바람이 불어오는 늦가을에 씨앗을 뿌려봐야 헛일인 것과 다를 것이 없다. 아무리 귀찮고 따분하다 하더라도, 아무리 지겹고 다람쥐 쳇바퀴 도는 그런 나날일지라도, 이 세상 모든 사람이 다 똑같이 겪는 일, 그것이 바로 우리네 사람 사는 것이요 인생이거늘, 인생 그 자체를 거역할 수는 없다. 아무리 맛있는 요리, 아무리 맛있는 술이라도 한 달치를 한꺼번에 다 먹어치울 수는 없다. 아무리 싱싱한 우유라도 한꺼번에 한 달치를 짜낼 수는 없다.

아니 방법은 있다. 아침 먹고 나면 점심, 점심 먹고 나면 저녁, 저녁 먹고 나면 또 아침이 되는 이 지겹고 귀찮은 다람쥐 쳇바퀴에서 벗어나는 방법이 꼭 한 가지 있다.

세월이 오고가는 길목을 알아내서 그 길을 막으면 된다. 지구가 돌지 못하게 말뚝을 박아 서산에 지는 해가 서산을 넘어가지 못하게 튼튼한 밧줄로 묶을 수만 있다면, 우리는 귀찮고 지겹고 따분한 일상생활의 되풀이에서 벗어날 수 있다.

어느 누구 세월이 오고 가는 길목을 알아내어 저 무심한 세월이 오고가지 못하게 막아줄 분은 아니 계신가.

오늘이 그대의 마지막 날이라면

이 세상에 살고 있는 대부분의 사람들은 자기가 언제, 어디서, 어떻게 이 세상을 떠나게 될지 아무도 모른다. 사흘 후에 자기에게 닥쳐올 일도 예측하지 못하고, 한 시간 후에 일어날 일도 짐작하지 못한다. 자기가 탄 비행기가 단 몇 시간 후에 추락하리란 걸 미리 알 수 있다면, 그 사람은 결코 비행기를 타지 않았을 것이요, 흔적도 없이 이 세상에서 사라지는 일은 없었을 것이다.

즐거운 가족 나들이를 위해 사랑하는 아내와 귀여운 자식들을 자기 승용차에 태우고 통일로를 행복하게 달리던 가장도 단 몇십 분 후, 마귀 같은 트럭이 중앙선을 침범해서 자기 승용차를 덮쳐오리라고 상상이나 할 수 있을 것인가.

정말이지 어느 누구도 자기에게 닥쳐올 한 치 앞의 일도 예측하지 못한다. 정말이지 어느 누구도 자기 자신이 언제, 어떻게 이 한 많은 세상을 떠나게 될지 짐작조차 못한다.

하지만 어리석은 사람들은 자기가 이 세상에서 천년 만년 살 것처럼 착각을 해서 '자리'를 손아귀에 넣으려고 수많은 사람을 살육하기도 하고, 치부를 위해서 온갖 더럽고 치사한 짓을 자행하기도 한다.

그러나 그 어리석은 자가 세계 인구의 반을 살육하고 '자리'를 차지했다고 하더라도, 그에게는 어김없는 죽음의 날이 기어이 찾아올 것이다. 어떤 못된 자가 온갖 치사하고 더러운 짓으로 전세계의 다이아몬드를 다 움켜쥐었다고 하더라도, 죽음은 어김없이 그자를 덮칠 것이다. 그래서 우리들은 살맛이 난다. 아무리 악독한 족속들이 미쳐 날뛰어도, 결국 '죽음'이라는 저 무서운 절대적인 힘이 마지막 심판을 해주기 때문이다.

그러나 어리석은 자들은 그것을 모른다. 자기에게도 어김없이 죽음이 덮쳐올 것이라는 엄연한 사실을 잊고 있기 때문에 그 어리석은 자들은 못된 짓을 되풀이해서 저지르고 있다.

허나 그 어리석은 자들이, 이 세상에 살고 있는 우리 모두가, '오늘이 나의 마지막 날'이라고 생각하고 산다면 이 세상은 훨씬 더 아름답고, 이 세상은 훨씬 더 포근하고, 이 세상은 훨씬 더 살 만한 곳이 될 수 있을 것이다.

우리는 하루에 한 번씩 '오늘이 나의 마지막 날이라면……' 하고 가정해보아야 한다. 아니, 하루에 한 번이 아니라도 좋다. 한 달에 단 한 번이라도 '오늘이 나의 마지막 날이라면……' 하고 생각해 본다면 우리의 죽음, 그 이후의 일을 상상하게 될 것이다.

석가모니는《중아함경》을 통하여 우리들에게 다음과 같이

가르쳤다.

"가미니야. 내가 너에게 물을 테니 아는 대로 대답하라. 어떤 사람이 게을러서 정진하지 않고, 살생을 즐기고, 주지 않는 것을 빼앗고, 사음을 행하며, 거짓말을 하고, 온갖 나쁜 짓을 하면서 살았다고 하자. 그가 죽을 때, 많은 사람들이 와서 '당신은 게을렀고 온갖 나쁜 짓만 해왔지만 죽어서는 반드시 천상에 태어나시오'라고 했다고 하자. 가미니야. 이렇게 여러 사람이 축원했다고 해서 그 사람이 천상에 태어날 수 있겠느냐?"

"그럴 수는 없습니다."

"그렇다. 축원을 받았다고 해서 악업만 지은 자가 천상에 태어날 수는 없다. 비유를 한 가지 들어주마. 어떤 사람이 깊은 못에 크고 무거운 돌을 던져 넣었다. 마을 사람들이 못가에 모여서 '돌아. 떠올라라' 하고 축원을 하였다. 그 크고 무거운 돌이 축원을 했다고 해서 그들의 소원대로 물 위로 떠오를 수 있겠느냐?"

"그럴 수 없습니다."

"그렇다. 악업만 지은 자가 천상에 태어날 수 없는 것도 그와 같다. 왜냐하면 나쁜 업은 검은 것이어서 그 같음으로 저절로 밑으로 내려가 반드시 나쁜 곳에 떨어질 것이기 때문이다.

또 어떤 사람이 착하고 좋은 일만 열심히 하다가 죽었는데, 다른 사람들이 '당신은 죽어서 지옥에 떨어지라'고 축원을 했다고 해서 그 사람이 지옥에 떨어지지는 않는다. 기름병을 깨뜨

려 못물에 던지면 부서진 병조각은 밑으로 가라앉지만, 기름은
물 위로 떠오르는 것과 같은 이치다."

그렇다. 무거운 돌이 물 위로 떠오를 수는 없다. 가벼운 기름
이 물 밑으로 가라앉을 수도 없다.

그런데도 오늘 우리의 주변에서는 허구헌 날 거짓말만 하고,
허구헌 날 속이기만 하고, 허구헌 날 착한 사람들을 못살게 한
족속에게 '위대한 분'이라고 허리를 굽실거리는 아첨배들이 있
다. 천인이 놀랄 극악무도한 자에게 얻어 먹을 게 좀 있다고
해서 "오, 거룩한 분이시여. 만수무강 하옵소서!" 하고 두 손을
비비는 못난이들이 있다.

그러나 석가모니 부처님이 말씀하신 대로, 돌을 향해 물 위
로 떠오르라고 아첨하고 굽실거린다고 해서 돌이 물 위로 떠오
를 수는 없다.

어떤 사람이 죽었을 때, 장례식에 가보면 으레 들리는 소리
는 "이분은 좋은 데 가실 것이오", "이분은 천당에 가실 것이
오", "이분은 극락에 가실 것이오"라고 축원한다.

그러나 석가모니 부처님의 말씀을 명심하라. 천당에 갈 짓은
하지도 않았는데 천당에는 어떻게 갈 것이며, 극락에 갈 짓은
하지도 않았는데 극락에는 어떻게 갈 것인가?

그것은 콩을 심지도 않은 자에게 콩을 많이 수확하게 될 것
이라고 말하는 것과 같다. 수많은 생명을 까닭 없이 살육하고
정권을 탈취한 자에게 '단군 이래의 성군'이라는 호칭을 붙이는
것은 마귀를 천사라고 우기는 것과 다를 것이 없다.

직위를 이용해서 나를 칭송하게 하고 나를 찬탄하게 하고, 돈을 이용해서 나에게 아첨하게 하고 나에게 굽실거리게 할 수는 있을지 모르지만, 결코 무거운 돌을 물 위로 떠오르게 할 수는 없을 것이다.

쥐를 사슴이라고 부른다고 해서 쥐가 사슴이 될 수는 없다. 얼간이들을 아무리 많이 동원해서 힘으로, 돈으로 사슴이라고 부르게 한다고 해서 어찌 쥐가 사슴이 될 수 있을 것인가?

월요일부터 토요일까지는 거짓말로 속이고 바가지를 씌워서 돈 버는 데만 혈안이 된 사람이, 일요일에 어디 가서 돈 몇 푼 내놓고 마룻장을 치며 뻔뻔하게 눈물을 흘리면서 누구 품에 의지한다고 해서 그 사람이 지은 죄가 모두 지워질 수가 있을 것인가?

이 세상에는 내가 지은 죄를 깨끗하게 지워줄 만능 지우개는 어디에도 없다. 콩 심으면 콩 나고, 팥 심으면 팥 나는 진리는 영원히 변하지 않을 것이다. 죄 지으면 벌 받고, 착한 일하면 좋은 과보를 얻는 것도 영원히 변치 않는 진리일 것이다.

우리는 하루하루를 '오늘이 나의 마지막 날이라면……' 하고 살아야 한다. 오늘 하루 내가 생각한 것, 내가 말한 것, 내가 행한 짓, 이런 것들이 모이고 모여서 결국은 내가 돌이 될 수도 있고, 꽃이 될 수도 있고, 깨진 유리병이 될 수도 있고, 기름이 될 수도 있다.

'오늘이 나의 마지막 날이라면……'

정말 마음을 가다듬고 그렇게 한번 생각해보라.

미안한 사람은 없는가? 사죄할 사람은 없는가? 나 때문에 울어야 했던 사람은 없는가? 나 때문에 인생을 망친 사람은 없는가? 내가 갚아야 할 빚은 없는가? 나 때문에 죽은 사람은 없는가? 내가 오늘 이 세상을 떠난다면 나는 과연 천상으로 훨훨 날아갈 수 있는 그런 당당하고 자신있는 인생을 살아왔는가? 그리고 만일 내가 오늘 이 세상을 떠난다면 내 부모에게, 내 남편에게, 내 아내에게, 내 자식에게, 내 친구에게, 내 이웃에게, 미안하고 죄스러운 일은 과연 없는가?

후회 없는 인생, 미련 없는 인생은 한꺼번에 느닷없이 이루어지지 않는다. 오늘 하루가 마지막이라는 그런 마음으로 생각하고 말하고 행동한다면, 우리는 결코 부끄러운 삶을 살지는 않을 것이 분명하다.

오늘이 나에게 마지막 날이라면, 그래도 우리는 시기하고 질투하고 욕심내고 다투고 훔치고 화내고 죽이면서 살아갈 것인가? 오늘이 나에게 마지막 날이라면……

아, 인생은 정말 좋은 일만 하기에도 얼마나 허망하고 짧은 것이랴.

돈은 어떻게 벌어서 어떻게 써야 하나

이 세상 모든 사람은 돈을 좋아한다. 그래서 이 세상 모든 사람들은 돈을 한 푼이라도 더 벌려고 두 눈을 부릅뜨고 뛰어다닌다. 엘리트 코스를 나왔다는 실력 있는 젊은이도 지금 근무하고 있는 회사보다 월급을 단돈 5만 원이라도 더 준다고 하면 그날로 다니던 직장을 버리고 당장 새 직장으로 옮겨 버린다.

고등교육까지 받은 아가씨도 돈 많은 재벌 아들이라고만 하면 그날로 눈이 뒤집혀 5년, 7년 사랑해오던 남자를 배신하고 돌아서 버린다. 남이 다 부러워하는 고등고시에 합격한 남자 가운데도 재벌 딸이라고만 하면 5년, 10년 뒷바라지를 해준 가난한 연인을 배신하고 그날로 재벌집 사위로 들어가 버린다. 의사 자격증을 딴 사내 가운데도 아파트를 사주고, 농장을 사주고, 자가용을 사주고, 개업자금을 대준다고만 하면 그날로 눈이 뒤집혀 옛 애인을 배신하고 부잣집 사위가 되어버린다.

앞뒤야 어찌 되었건, 사리가 맞건 뒤틀리건, 그저 돈만 왕창 생긴다면 남의 집 담을 넘어 안방에 침입해서 가정을 파괴하고 재물을 약탈하며 지나가던 사람을 납치하고 죽이는 '지존파', '막가파' 따위의 살인강도로 돌변한다.

돈만 왕창 손에 쥘 수 있다고 하면 남의 신세를 망치는 마약까지도 제조해서 팔아먹는 마약 밀조법과 마약 밀수범들, 허구헌 날 신문 사회면에 약방의 감초처럼 등장하는 온갖 부조리 범죄를 저지르는 장본인들은 모두가 돈 때문에 눈이 뒤집힌 족속들이다. 뇌물을 받아먹은 공무원, 탈세를 일삼다가 꼬리잡힌 기업가들, 학교공금을 빼돌려 제멋대로 써버린 엉터리 교육자, 외국돈을 구두 속에 숨겨 해외로 빼돌리려다가 들통난 성직자, 더 많은 돈을 차지하려고 조카가 삼촌을 고소하고, 동생이 형을 교도소에 보내고, 며느리가 시아버지를 고발하는 이 한심스런 세태는 모두가 다 돈 욕심 하나 때문에 일어난다.

돈…….

세상을 돌고 돈다고 해서 돈이라고 이름 붙였다지만, 내가 보기에는 요 돈 욕심을 내기 시작하면 사람의 눈도 돌고 정신도 돈다고 해서 돈이 아닐까 싶다. 아무튼 이 돈 때문에 '돈 사람'들이 우리 주변에 너무나 많은 것 같다.

그럼 이 돈이라는 것이 우리에게 왜 필요한 것일까? 그것은 두말할 필요도 없이 사람이 사람답게 살아가는 데 필요하기 때문이요, 돈이 없으면 사람이 사람답게 살아갈 수 없기 때문이다. 누구나 세상을 살아가자면 반드시 필요한 돈, 그럼 돈은 과연 어떻게 벌어야 하고, 어떻게 써야 제대로 쓰는 것일까?

부처님은 일찍이 우리 생활인들에게 다음과 같이 가르쳤다.

> 지혜 있는 사람의 집에서 생활하는 사람은 부지런히 일해서 생업에 종사하고, 검소하며 절제 있는 생활을 하지 않으면 안 된다. 그리고 부지런히 일해서 벌어들인 재물로
>
> 첫째는 부모를 봉양하고 처자식을 부양하는 데 써야 한다.
>
> 둘째로는 자기가 부리는 아랫사람들을 먹이고 입히며, 손님접대하는 데에 써야 한다.
>
> 셋째로는 친척을 돕고 친구를 도와주는 일에 써야 한다.
>
> 넷째로는 나라에 세금을 제대로 바치고 사마나(출가수행자)의 공양에 써서 기쁨을 얻는 것이 좋다.
>
> 이렇게 처신하고 집안을 편안하게 하면 현세에는 힘과 빛과 부(富)와 이름을 얻고, 죽어서는 복을 얻어 천상과 같은 좋은 곳에서 날 것이다.

부처님은 생업에 종사해서 부지런히 일을 하여 돈을 벌어들이라고 가르쳐주었다.

그러나 오늘날 돈을 왕창 한목에 쥐기 위해서 날뛰는 사기·도박·강도·밀수·부동산투기·뇌물받기·공사부정은 부처님이 말씀하신 생업이라고는 부를 수가 없다. 부처님이 말씀하신 생업이라는 것은 정직한 일, 남에게 도움을 주는 일이어야 한다는 전제가 있어야 한다.

요즘 우리가 흔히 말하는 직업이라는 것이 바로 생업인데, 소매치기·도둑질·사기·횡령·투기·도박·밀수 등을 직업이라고 어느 누가 부르고 있는가? 생업은 정직한 것이어야 한다.

생업은 당당한 것이어야 한다.

어느 상인이 허구헌 날 손님을 속이고 바가지를 씌우고 눈을 속여서 돈을 벌었다면, 그 상인은 장사에 성공한 상인이 아니라 사기꾼에 불과하다. 어느 공직자가 부정을 저질러서 돈을 한몫 벌었다고 하면, 그 공직자는 공무원 생활에 성공한 것이 아니라 국민이 맡겨 준 일을 속임수로 처리하고 국민이 낸 돈을 도둑질한 도둑놈에 불과하다. 이 세상 어떤 사람도 자기가 하는 일을 정직하게 하지 않고 남에게 이익이 되는 일을 하지 않으면, 결국 그는 부처님이 가르친 '생업'에 제대로 종사하는 당당한 사람이 아니다. 다시 한번 말하거니와 생업은 어디까지나 정직하게, 남에게 이익을 주는 일이어야 한다.

그런데도 오늘날 우리 주변에는 틈만 나면 속임수를 써서 치부를 하면서도 자기가 하는 일이 '생업'인 줄 착각하고 있는 사람들이 너무나 많다.

만일 평범한 임산부가 아이를 낳기 위해 병원에 왔다고 하자. 진찰을 해보니 산모의 건강이나 태아의 건강상태가 양호해서 보통 분만실에 입원시키면 괜찮을 상태였다. 그런데도 이 의사에게 돈 욕심이 있어서 더 많은 돈을 긁어내기 위해 산모와 가족에게 "제왕절개수술을 해야지, 그렇지 않으면 산모와 태아의 건강이 위험하다"고 겁을 주어 수술을 받게 하고 더 많은 돈을 챙긴다면, 그 의술은 의술이 아니라 사기술이요, 그 의사는 의사가 아니라 사기꾼에 불과하다. 이런 경우라면 그 의사는 '생업'에 당당하게 종사하고 있다고 볼 수가 없다.

정치인이건 교육자건 상인이건 공장주인이건, 우리는 당당하게 생업에 종사해야 하고 정직하게 그 대가만을 얻어야 한다. 그래야 그 돈이 깨끗한 돈이요, 당당한 돈이 된다.

다음으로 정직하고 당당하게 벌어들인 깨끗한 그 돈을 어떻게 써야 할 것인가를 생각해보자.

부처님은 맨 처음 부모봉양과 처자식을 부양하는 데 쓰라고 일렀다. 아무리 정직하고 당당하게 벌어들인 돈이라고 해도 그 돈으로 부모를 봉양하지 않고 처자식을 부양하지 않은 채 계집질에 탕진하거나, 도박에 탕진하거나, 술 마시고 노는 데 탕진한다면 그 사람의 가정이 평안할 리 없고, 가정이 평안치 않으면 그 사람의 인생도 결코 편치 못할 것이다.

그 다음으로 부처님은 자기가 부리고 있는 아랫사람들 먹이고 입히는 데 써야 한다고 가르쳤다. 그런데 오늘 우리의 주변에는 하루에 8시간씩 허리가 휘도록 일을 부려먹고 제날에 월급조차 제대로 주지 않고 배짱을 내미는 악덕 기업주가 있는가 하면, 회사는 나날이 돈을 벌어 문어발식으로 기업체를 수십 개씩 늘여 가면서도 부리는 종업원들에게는 아이들 과자값도 안 되는 품삯을 주는 얌체 기업주들도 수두룩하다. 더더구나 가난하고 불쌍한 중국 동포들을 데려다, 죽도록 일을 시켜먹고 불법체류자라는 약점을 잡아 제대로 품삯조차 주지 않는 더러운 기업주도 있다.

셋째로 부처님은 친척을 돕고 친구를 돕는 데 쓰라고 했지만, 친척과 친구를 돕기는커녕 땡전 한 푼 남을 위해서는 안 쓰는 구두쇠도 우리 주변에는 수두룩하게 많다.

그런가 하면, 넷째로 가르쳐 준 나라에 세금을 내는 일까지도 속이는 탈세범이 수두룩하다. 그러니 사마나를 대접하고 사회사업에 구린 동전 한 닢 내놓겠는가?

어떻게 보면 부처님은 우리들 생활인들이 돈을 어떻게 벌어서 어떻게 써야 할 것인지, 그 바른길을 정확하게 제시해주었다.

돈을 아무리 좋아하고 아무리 많이 벌었다고 하더라도 제 부모를 봉양치 않고, 처자식을 부양치 않고, 친척도 친구도 도와줄 줄 모르고, 제가 부리는 부하 직원이나 종업원을 제대로 먹고 살게 해주지 않으며, 국가에 세금조차 제대로 내지 않은 채 성직자나 사회구제를 위해 동전 한 닢 내놓지 않을 바에야 무엇에 쓰려고 돈을 번단 말인가?

부처님이 가르쳐 준 대로 돈을 쓰지 않고 향락이나 도박에 돈을 쓰는 것은 어리석은 짓이다. 돈을 정직하고 당당하게 생업을 통해서 벌고 그 돈은 꼭 써야 할 곳에 제대로 써야 한다. 그래야 살아서 기쁨을 맛보고, 그래야 살아서 칭송을 얻고 존경도 받으며, 죽어서도 좋은 곳에 다시 태어날 것이다.

무엇이 우리를 괴롭게 하는가

초등학교에 다니는 일곱 살짜리 아이들로부터 여든이 넘은 노인에 이르기까지, 이 세상에 근심 걱정이 없고 괴로움이 없는 사람은 아무도 없다.

초등학교에 다니는 어린 아이들은 공부보다는 신나게 놀고 싶은데, "공부하라! 공부하라!"고 엄마가 야단치는 게 괴로움이요, 갖고 싶은 장난감을 가질 수 없는 게 괴로움이요, 해 가지고 가야 할 숙제가 근심 걱정이다.

중학교에 다니는 소년 소녀에게도, 고등학교에 다니는 학생들에게도 시험이 걱정이요, 상급학교 진학이 근심이요, 대학 입학시험이 괴로움의 덩어리다.

대학에 다니는 청년에게는 취직이 또 근심 덩어리요, 태산 같은 걱정거리다. 대학을 나온 사람은 취직을 해서도 또한 괴로움을 안고 산다. 더 많은 월급을 받고 싶어서 안달이요, 더 높은 직위를 차지해야겠는데 제 뜻대로 안 되니 또 걱정이다.

성인이 되면 결혼을 해야겠는데 좋아하는 여자, 좋아하는 남자가 내 마음대로 말을 들어주지 않아서 괴롭고, 내 뜻대로 움직여주지 않아서 괴롭다.

마음에 든 남자, 마음에 맞는 여자와 결혼을 하고 나서도 어떤 사람은 또 아이를 못 낳아서 괴롭고, 또 어떤 사람은 아이를 낳아 놓고도 아들이 아니라서 괴롭다.

어디 그뿐인가? 여자는 여자대로 남편의 수입이 적어서 괴롭고, 남편은 남편대로 여자의 손이 커서 돈을 헤프게 쓴다고 또 괴롭다.

어떤 사람은 셋방살이가 지겹도록 괴롭고, 어떤 사람은 아내의 고집이 너무 세서 괴롭고, 또 어떤 여자는 남편이 술을 너무 마셔서 괴롭고, 도박을 좋아해서 괴롭고, 걸핏하면 손찌검을 해서 괴롭고, 외박을 자주 해서 괴로워한다.

이렇게 우리 주변을 보면 근심 걱정이 없고 괴로움이 없는 사람은 정말이지 죽은 사람뿐이다. 다시 말하면, 살아있는 모든 사람에게는 그 나름의 근심 걱정과 괴로움이 있다는 말이다.

그렇다면 이 세상 모든 사람이 끙끙 앓고 있는 이 근심 걱정과 괴로움이라는 것은 도대체 어디서 생겨나는 것인가? 우리들로 하여금 밥맛을 잃게 하고, 밤잠을 제대로 못 이루게 하고, 속상하게 하며, 때로는 피를 말리는 이 괴로움은 도대체 어디서 오는 것인가? 그것들은 대부분 탐욕에서 비롯되는 것이라고 부처님은 가르쳐주었다.

이것은 나의 경험이다.

내가 아직 깨달음을 얻기 전에 '탐욕은 어디를 가도 만족할 줄 모른다. 탐욕 그 자체는 고통으로 가득 차 있어 사람을 절망으로 이끌고, 무서운 불행을 가져오는 것이다'고 바르게 알기는 했지만, 그 탐욕 이외의 다른 것에서 행복을 느낄 줄은 몰랐기 때문에 그 탐욕에 쫓기면서 지내왔던 것이다. 그러다가 그 후에 탐욕 아닌 다른 것에서 행복을 맛볼 수 있음을 알았기 때문에 탐욕의 굴레에서 벗어났다.……탐욕의 즐거움이란 마음에 맞는 빛과 소리와 냄새, 그리고 맛과 몸의 닿음이다. 이 다섯 가지 탐욕에는 화가 따른다. 사람은 여러 가지 직업을 가지고 생활해 가면서 온갖 고초와 괴로움을 겪는다. 아무리 일하고 노력해도 바라던 부자가 되지 못하면 그 사람은 가슴을 치면서 헛고생해 온 것을 슬퍼하며 운다.

설령 어떤 사람은 고생 끝에 부자가 되었다고 해도, 그는 또 고통을 겪어야 한다. '어떻게 하면 이 재산을 빼앗기지 않을까, 혹시 불에 태우지 않을까, 물에 떠내려가지 않을까, 도둑 맞지 않을까, 친척들에게 뜯기지 않을까.' 이렇게 온갖 걱정을 하지만, 결국은 빼앗기기도 하고, 불에 태우기도 하고, 물에 떠내려보내기도 하고, 친척들에게 뜯기기도 하고, 도둑 맞기도 한다.

그러면 그는 또 슬퍼 운다. "아아, 모두가 내 것이던 것이, 이제는 아무것도 내 것이 아니구나!" 하고. 이것이 바로 탐욕의 화이다. 모든 고통은 탐욕에서 생겼고, 탐욕 때문에 괴로운 것이다.

탐욕 때문에 임금은 임금과 다투고, 브라만은 브라만과 다투고, 부모는 자식과 다투고, 형제는 형제와 다투며, 자매는 자매와 다투고, 친구는 친구와 다툰다. 다투고 싸우고 욕질하다가 나중에는 몽둥이를 쥐거나 칼을 휘둘러 서로 죽인다. 이것이 탐욕의 화다. 또 탐욕 때문에 양쪽 군사는 창과 칼과 화살로 서로 싸워 화살은 날아가고, 창이 달리고, 칼이 번쩍인다. 서로 쏘고 찌르고 목을 비튼다. 이것이 바로 탐욕의 재앙이다. 또 탐욕 때문에 사람들은 함부로 빼앗고 도둑질하며 간음을 한다.…… 그러다가 붙들려 형벌을 받고 목을 베이기도 하니, 이것 또한 탐욕의 화다. 탐욕 때문에 사람들은 몸과 말과 뜻으로 온갖 악업을 지어 죽은 후에는 지옥에 떨어져 가지가지 고통을 받는다. 이것이 모두 탐욕의 재앙으로써 미래의 고통까지도 탐욕 때문에 생기는 것이다. ……

탐욕. 지나치게 탐하는 욕심. 바로 이 탐욕 때문에 우리는 괴롭다. 더 많은 이잣돈을 받아먹을 욕심 때문에 사채놀이를 하다가 이잣돈은커녕 원금까지 떼어 먹히고 괴로워서 몸부림치는 사람이 있다. 좀더 유명해지려는 탐욕 때문에 전재산을 몽땅 털어 바치고도 모자라서 일가친척, 친구의 돈까지 왕창 빌려다가 탕진한 채 국회의원선거에서 보기좋게 떨어져서 패가망신하는 사람이 있다. 한번에 일확천금을 하겠다는 탐욕 때문에 밀수를 하다가 보기좋게 적발되어 일확천금은커녕 전재산을 압수당하고 몸은 철창에 갇히는 처량한 사람이 있다. 하룻밤에 거금을 움켜잡겠다는 탐욕 때문에 도박판에 끼여들어 거금을 움켜잡기는커녕 전재산을 탕진한 채 쇠고랑을 차는 한심스런 사람이 있다. 달콤한 향락을 맛보려는 탐욕 때문에 탈선을 하다가 결국에는 남의 눈에 띄어 가정을 파탄시키고 신세를 망치는 철없는 사람들이 있다. 자기 자식만은 5등 안에 들어서 반드시 일류대학에 들어가야 한다는 터무니없는 탐욕 때문에 능력도 모자라는 자식을 달달 볶아서 결국에는 노이로제 환자를 만들고 가출하게 하고 자살하게 하는 어리석은 부모들이 있다.

사람은 누구나 한번 산에 올라가면 언제인가는 반드시 내려와야 한다는 철리(哲理)를 망각하고 저 혼자 정상을 두고두고 차지하겠다는 어리석은 탐욕 때문에 억지를 부리고 망발을 일삼다가 결국에는 비참한 최후를 맞은 멍청한 독재자도 수없이 많다. 100억을 벌어들인 부동산 투기업자가 1천억을 움켜 잡겠다는 탐욕 때문에 거대한 빌딩을 마구 짓다가 결국은 거덜이 나서, 부도를 내고 도산한 채 36계 줄행랑을 치는 한심스런 일이 계속해서 일어나고 있다.

어느 학교에서건 한 학급에 학생이 50명이면 거기에는 반드시 1등에서 50등까지 순서가 매겨지게 마련이다. 그런데도 자기 자식만이 1등을 해야 하고 5등 안에 들어가야 한다는 욕심은 그야말로 터무니없는 탐욕에 지나지 않는다. 두뇌가 명석치 못하고 노력도 모자란다면 상위권에서 밀리는 건 너무나 당연하다.

그리고 또 한걸음 뒤로 물러나서 생각해보면, 좋은 성적 좋은 학교를 나와야만 행복한 인생을 누린다는 보장도 없다. 에디슨은 학교에는 불과 몇 달밖에 다니지 못했지만 세계적인 발명왕이 되었고, 일본에서도 한국에서도, 초등학교도 제대로 못나온 사람이 대기업가로 성공하기도 했다.

터무니없는 욕심 때문에 없던 괴로움을 만들어서 고통을 겪는 어리석은 일들이 오늘도 우리 주변에서는 끝없이 되풀이되고 있다. 말하자면 우리의 마음을 편치 못하게 하는 모든 근심 걱정과 괴로움은 대부분이 다른 사람 때문이 아니라, 내 자신의 어리석음 때문에 생기고 있다.

"이만하기가 얼마나 다행인가?"

"이만큼 살고 있으니 얼마나 다행인가?"

오늘의 내 생활, 오늘의 내 형편에 자족할 줄 알면 분수에 넘치는 어리석은 탐욕은 생겨나지 않을 것이요, 어리석은 탐욕이 없으면 그만큼 근심 걱정, 괴로움은 줄어들 것이다.

왜 나에게는 근심 걱정이 그칠 날이 없는가, 왜 나에게는 괴로움이 계속 밀려오는가 하고 한탄할 일이 아니라 그 많은 근심 걱정과 괴로움은 바로 내 마음속에서 내 어리석은 생각 때문에 비롯된다는 것을 알아야 하지 않을까?

행복의 열쇠

해마다 4월 초파일이면 우리는 '부처님 오신 날'을 기쁨으로 맞는다. 국가도 이날을 공휴일로 정해서 모두가 하루를 즐겁게 쉬고, 부처님을 믿는 이 땅의 불자들은 저마다 정성을 담아 절에 가서 연등을 밝히고 치성을 드린다.

수많은 자동차가 쉴 새 없이 내뿜는 매연과 가스가 자욱한 도심지 거리지만, 물결처럼 도도히 흘러가는 연등행렬은 보기만 해도 아름답기 그지없다. 신록이 우거져 가는 깊은 산속 암자와 사찰 경내에 찬란하게 빛 밝힌 갖가지 오색 연등은 보는 이의 마음속에 환희를 불러일으키고, 할머니·어머니의 옛 얼굴을 떠올리게 한다.

4월 초파일.

그러나 우리는 이날을 그저 공휴일로, 절에 가는 날로, 연등 달고 불공 드리는 날로만 여겨서는 안 된다. 4월 초파일은 부처님 오신 날인데 과연 그 부처님은 무엇 때문에 오셨고, 무엇 때문에 우리가 그분의 오심을 반겨야 하는가 제대로 알아야 한다.

부처님은 결코 권력을 잡기 위해서 이 땅에 오신 게 아니다. 권력을 잡기 위해서는커녕 가만히만 있으면 저절로 굴러들어오는 임금자리도 마다하시고 출가한 분이다.

그리고 부처님은 결코 재산을 많이 모으기 위해서 이 땅에 오신 분이 아니다. 재산을 모으기 위해 오시기는커녕 카필라성의 모든 재산과 예쁜 아내와 귀여운 자식까지 다 버리고 출가하신 분이다.

권력을 잡기 위해 오신 분도 아니요, 재산을 모으기 위해 오신 분도 아니요, 출세하기 위해 오신 분도 아닌 석가모니 부처님을 우리는 왜 거룩하신 스승으로 추앙하고 자비로운 아버지로 비유하며, 그분이 이 땅에 다녀가신 지 실로 2,500여 년이 넘도록 세계 곳곳에서 수많은 사람들이 경배하고 믿고 의지하며 떠받드는가? 그 이유는 과연 무엇일까?

부처님은 결코 당신을 믿고 따르는 사람들에게 출세자리를 나누어준 일도 없고, 재물 보따리를 나누어준 일도 없고, 돈 많이 버는 취직자리를 나누어준 일도 없다. 그런데도 민족과 국경을 초월해서 십수 억의 인구가 2,500년이 넘도록 따르고 의지하고 숭배하고 있다.

우리는 그 이유를 알아야 한다. 남이 장에 가니까 나도 장에 가고, 남이 절에 가니까 나도 절에 가고, 남이 연등을 밝히니까 나도 연등을 밝히고, 남이 불공을 드리니까 나도 불공을 드려서는 결코 부처님의 올바른 제자라고 할 수 없다.

석가모니 부처님은 출가수행을 통해서 큰 깨달음을 얻으신 분이다. 그 '큰 깨달음'이란 바로 이 세상 모든 중생들이 '행복한 삶'을 누릴 수 있는 열쇠라고 할 수 있다. 괴로움 없이 행복하게 한 생을 살 수 있는 비결, 바로 그 '행복의 열쇠'를 부처님은 우리들에게 나누어주었다.

잘생긴 사람, 못생긴 사람 차별하지 아니 하시고, 잘사는 사람, 가난한 사람 차별하지 아니 하시고, 이 민족, 저 민족 차별하지 아니 하시고, 삶의 고통에 허우적거리는 이 세상 모든 중생들에게 '괴로움 없는 행복한 삶'을 누릴 수 있는 '행복의 열쇠'를 무료로 나누어주었다.

그것도 무려 45년 동안 밥을 얻어 드시며, 나무 밑에서 주무시면서 이 행복의 열쇠를 더 많은 사람들에게 나누어주고자 마지막 이 세상을 떠나시면서까지 부처님은 길거리의 나무 밑에 누우셨고, 바로 거기서 열반에 드신 분이다.

그러면 부처님이 나누어주신 '행복의 열쇠'는 과연 무엇인가? 그것은 바로 부처님의 가르침이다.

이 세상 모든 중생들은 세 가지 큰 병에 걸려 있다. 그래서 모든 중생들은 괴로워하고 있다. 그 세 가지 큰 병은 무엇인가? 그것은 바로 탐내고[貪], 성내고[瞋], 어리석음[癡]에 빠져 있는 세 가지 독[三毒] 때문이니, 이 세 가지 독을 끊어야 편안히 살 수 있다고 진단하셨다. 그리고 부처님은 어떻게 하면 세 가지 독을 끊고 편안하고 즐거운 삶을 살 수 있는지 여섯 가지 특효약까지도 처방해주었다. 그 여섯 가지 특효약이 바로 여섯 가지 바라밀(布施, 持戒, 忍辱, 精進, 禪定, 智慧)이니, 부처님이 일러주신 육바라밀만 제대로 터득하고 실천하면 그것이 바로 '행복의 열쇠'이다.

우리들 중생들은 왜 단 하루도 행복한 날이 없는가? 왜 우리 중생들의 가슴속은 단 하루도 편안할 날이 없는가? 그것은 부처님이 진단하신 대로 욕심 때문이요, 성냄 때문이요, 어리석음 때문이다.

한마음 한뜻이어야 할 가족간에도 자식 욕심 다르고, 부모 욕심 다르니 괴로울 수밖에 없다. 자식은 처음에는 배불리 먹게만 해 달라고 조른다. 배불리 먹게 해주면 이번에는 따뜻하게 입혀 달라고 조르고, 따뜻하게 입혀주고 나면 더 많이 더 맛있게 먹여 달라고 조르고, 더 많이 더 맛있게 먹여주고 나면 나중에는 더 예쁘게 더 멋있게 입혀 달라고 조른다.

자식은 자식대로, 부모는 부모대로 자고 나면 크는 욕심 때문에 안달하고 괴로워하고 몸부림을 치면서 산다. 채워도 채워도 채워지지 않는 무한대의 욕심, 그 욕심에 꺼들려서 괴로운 일생을 마치게 되는 인생은 얼마나 비참한 것인가? 그래서 부처님은 "만족할 줄 알라. 만족할 줄 아는 사람은 행복한 사람이다" 하고 열쇠를 주었다.

'한직장 한가족'이어야 할 기업체에서도 월급을 받는 사람들은 더 받아내겠다고 아우성이고, 월급을 주는 사람은 더 이상은 못 주겠다고 아우성이다. 더 받고 싶은 욕심과 덜 주고 싶은 욕심이 서로 충돌하는 게 바로 노사분규요, 거기에 성냄까지 더 보태지면 그게 바로 노사투쟁이 된다. 이런 비극은 어김없이 모두 욕심 때문에 비롯되고 성냄 때문에 악화되고, 이 욕심과 성냄은 어김없이 어리석음 때문에 일어나고 있다.

인생은 어차피 무한대의 욕심을 채울 수 없다는 지혜를 터득하고, 인생은 어차피 한 번은 빈손으로 세상을 떠나게 되어 있다는 진리를 터득하고, 이 세상에 영원한 나의 것은 아무것도 없다는 철리(哲理)를 터득한다면 욕심내고 성내고 괴로워해야 할 이유가 어디에 있을 것인가?

기업체가 적자에 허덕이고 있는데 더 많은 월급만을 요구하는 근로자들이 있다면 그 근로자들은 어리석은 사람들이다. 기업체가 흑자를 계속 올리고 있는데도 월급을 적게만 주려고 버티는 기업주가 있다면 그 기업주는 어리석은 사람이다.

앞으로도 우리는 4월 초파일에 절에 갈 것이고 연등을 밝힐 것이다. 그리고 4월 초파일에 절에 가면 반드시 부처님이 주시는 '행복의 열쇠'를 받아가지고 와야 한다. 그리고 그 열쇠로 괴로운 인생을 행복한 인생으로 바꾸어야 한다. 부처님이 주는 '행복의 열쇠'를 받아오지 못하고, 그 열쇠를 제대로 써먹지 못하는 사람은 백 번 불공을 들여봐야 헛일이요, 연등을 제아무리 많이 밝혀도 말짱 헛일이다.

욕심 줄이고, 성내지 않고, 어리석음에서 벗어나는 '행복의 열쇠'를 이번에는 반드시 받아다가 제대로 쓰자. 그러면 우리들의 인생은 행복한 인생으로 바뀔 것이다.

여섯 개의 열쇠는 바로 육바라밀이니, 그 첫째가 베풀어주는 일(布施)이다. 배고픈 사람에게는 밥을 먹여주고, 헐벗은 사람에게는 옷을 입혀주고, 병고에 시달리는 사람에게는 약을 주고, 길 잃은 사람에게는 길을 인도해주고, 괴로운 사람에게는 위로의 말을 해주고, 서 있는 **사람**에게는 앉을 자리를 내주는 것, 바로 이것이 첫번째 열쇠이다.

우선 이 한 가지 열쇠만 제대로 쓸 줄 안다면, 그날부터 우리의 인생은 달라질 것이다.

복 받기를 바라거든

이 세상 모든 사람들은 복(福)을 좋아한다. 이 세상 모든 사람들은 제발 화(禍)는 나에게 오지 말고 복만 많이 와주기를 소원한다. 그래서 사람들은 해마다 연말이 되면 "새해에 복 많이 받으세요" 하고 연하장도 보내고, 새해 인사도 그 말로 시작한다. 어른도 아이에게 복 많이 받으라고 하고, 친구도 친구에게 복 많이 받으라고 하고, 직장의 동료나 상사도 복 많이 받으라고 하고, 이웃 사람도 만나면 복 많이 받으라고 한다.

그래서 우리나라 사람들은 새해를 맞으면서 '복 많이 받으라'는 소리를 아마 수백 번씩은 더 들었을 것이다. 그리고 구정 초하루에도 '복 많이 받으라'는 인사를 또 수없이 들을 것이니 '복 많이 받으라'는 인사를 듣는 복만은 타고난 모양이다.

그러면 도대체 그 복은 무엇이고, 그 좋은 복은 어디서 누구에게 받으라는 것인가?

사람이면 누구나 받고 싶어하는 복 가운데는 뭐니뭐니 해도 무병장수(無病長壽)를 첫손에 꼽는 게 우리의 선조들이었다. 그런데 이제 세상이 변해서 어른들이 첫손에 꼽는 복은 돈복이나 출세복이 되어 버린 느낌이 들 정도로 세상이 변했다. 돈이면 뭐든 다 할 수 있고 돈이면 뭐든 다 누릴 수 있는 것처럼, 모두들 돈 벌기에 혈안이 되어 있다.

출세만 하면 뭐든 다 가질 수 있고 뭐든 다 즐길 수 있는 것으로 착각하고 출세를 위해서라면 무슨 짓이든 가리지 않는 그런 사람들이 너무나 많다. 그러나 사람들이 바라는 복은 결코 돈과 직위와 권력만이 아니다. 그리고 살면서 누릴 수 있는 복 가운데서 돈과 출세가 가장 중요한 것도 결코 아니다. 돈복도 있어야 하고, 출세복도 있어야 하고, 자식복도 있어야 하고, 명예복도 있어야 하고, 병들지 않고 오래 사는 복도 있어야 하고, 사랑복도 있어야 제대로 복을 다 누렸다고 할 수 있을 것이다.

그런데 누구나 갖고 싶어하는 복이라는 것은 대체 어디서 받을 수 있는 것일까?

동사무소에서 선착순으로 나누어 준다면 아마 섣달 초부터 동사무소 앞 길바닥에 거적을 깔고 밤샘을 하는 사람도 수없이 많을 것이지만 불행히도 동사무소에서는 복을 배급해주지 않는다.

누구를 믿고, 누구를 의지하면 '천국이 너희 것이요, 모든 복을 누릴 수 있다'고 사탕발림을 하는 사기꾼들이 수없이 많지만, 어디에 가도, 어느 누구도 우리가 원하는 복을 나누어 줄 수는 없는 것이다.

우선 욕심 나는 돈복을 좀 얻어보려고 1억을 탈 수 있다는 올림픽복권을 열심히 몇 장씩 사보아야, 복권에서 돈복을 나눠 준다는 보장도 결코 되어 있지 않다. 돈복을 타보려고 500원짜리 복권을 다섯 장씩 몇 달을 사보았지만 번번이 소주값만 날렸다는 사람이 수없이 많다. 복은 결코 어디서 누구에게 배급받을 수 있는 것이 아니기 때문이다. 복이란 제 손으로 씨를 심고, 제 손으로 가꾸어, 제 손으로 거두어들이는 것이다.

가난에 한이 맺힌 많은 사람들은 어떻게 하면 돈을 더 많이 벌 수 있을까, 왜 나는 많은 돈을 벌지 못하는가 해서 늘 가슴을 앓고 화를 끓이면서 남이 잘사는 꼴을 보면 울화통을 터뜨리곤 한다. 입으로는 많은 돈을 벌고 싶다고 하면서도 걸핏하면 횟술을 마시고, 속상하다고 놀아 버리고, 행여나 해서 복권을 사거나 도박에 어울리고, 한탕하려고 나쁜 친구와 어울린다. 그러면서 재미없다고 일은 하지 않는다.

그러니 마음속으로 원하기만 한다고 해서 복이 나에게 굴러 들어오겠는가. 내가 입으로 갖고 싶다고 말만 한다고 해서 원하는 것이 내 손에 들어오지는 않는다. 자기가 갖고 싶은 것, 자기가 누리고 싶은 것, 자기가 원하는 것이 있다면 그것을 내 손안에 넣기 위해서는 그만한 짓거리를 내 마음과 내 손발과 내 몸으로 해야만 원하는 것이 내 것이 된다. 그와는 반대로 돈을 더 벌기는커녕 점점 더 돈을 없애는 짓만 되풀이하고 있으면 그 사람은 갈수록 더 가난해지고 비참해질 것은 너무나 뻔한 일이다.

그래서 석가모니 부처님은 어리석은 중생들에게 《아함경》에서 이렇게 가르쳐주었다.

　재산을 없애고 가난해지는 여섯 가지 원인이 있다.
　첫째는 술 마시기 좋아함이요,
　둘째는 거리에 쏘다니며 놀기 좋아함이요,
　셋째는 기생·풍류놀이를 좋아함이요,
　넷째는 도박하기 좋아함이요,
　다섯째는 나쁜 친구를 사귐이요,
　여섯째는 게으르고 방일함이다.

　그러니 우선 잘사는 복을 누리고 싶은 사람은 여섯 가지 나쁜 짓에서 떠나야 한다는 말씀이다.
　가난한 것이 분하고 억울하고 짜증스럽다고 해서 아무리 홧술을 많이 마셔보아야 좋을 것이 없다. 술값으로 아까운 돈만 없어지니 더욱 가난해질 것이요, 술을 많이 마시면 위장에 병이 생기거나 간장이 상하거나 혈압이 오르거나 해서 결국은 없던 병이 생겨날 것이다.
　마음이 울적하고 속이 상한다고 해서 무작정 밖으로 쏘다니며 놀기를 일삼는다면 거기서 얻어지는 좋은 것은 아무것도 없다. 여학생이 공부하기 싫다고 밖으로 나돌아다니면 결국은 못된 건달들을 사귀게 되고, 탈선이나 해서 청소년 범죄에 끼게 되어 인생을 망치게 될 것이 너무나 뻔하다. 가정주부가 울적하다고 해서 밖으로 나돌기를 좋아하다가는, 결국은 캬바레나 나이트클럽이나 들락거리며 탈선을 해서 가정파탄과 인생파탄의 비극을 맞게 될 것이다.

기생을 끼고 풍류나 즐기면서 취생몽사하다 보면, 그 남자는 부모로부터 아무리 많은 재산을 물려받았더라도 결국에는 재산을 탕진한 채 처량한 신세가 되어 버릴 것이다. 한 달 월급이 뻔한 월급쟁이가 호스티스의 눈웃음에 정신을 빼앗겨 아까운 돈을 팁으로 마구 뿌리고 한 병에 몇 십만 원씩 하는 양주를 마시고 다닌다면 그 사람의 장래가 캄캄할 것은 너무도 뻔하다.

틈만 나면 도박판에 끼여들어 도박을 일삼는 사람은 사업가건 월급생활자건간에 인류역사상 잘된 사람이 단 한 명도 없다. 우리들의 주변에서도 경마에 미치거나 복권에 미치거나 도박에 미쳐서 잘된 사람이 있는지 한번 돌아보자. 카드를 떡주무르듯 한다는 포커의 도사도, 화투장을 제멋대로 바꿔칠 수 있다는 노름의 도사도, 결국은 비참한 거렁뱅이 신세가 되어 처량한 꼴로 폐인이 된 것을 우리는 주위에서 얼마든지 볼 수가 있다.

충고를 해주는 좋은 친구는 마다하고, 함께 어울려 술이나 마시고 여자나 탐하러 다니고 도박이나 즐기러 가자는 나쁜 친구와 어울려서 나중에는 한탕하려고 밀수를 하거나, 아편밀조를 하거나, 남의 집 담을 넘거나, 사기를 치다가 결국에는 담 높은 교도소 신세를 지는 사람들이 우리 주변에는 얼마나 많은가!

그리고 개인 사업을 하는 사람이거나 농사를 짓는 사람이거나 회사에 근무하는 사람이거나 공무원이거나, 일하기 싫어하고 게으른 사람이 제대로 잘살고 제대로 성공한 일은 결코 있을 수 없다. 게으른 자의 사업은 망할 것이요, 게으른 자의 농사는 씨앗도 제대로 건지지 못할 것이요, 게으른 회사직원은 감원될 것이요, 게으른 공무원은 파면될 것이다. 이 세상 어디에 가도, 이 세상 무슨 일에도, 게으른 자가 환영받을 곳은 없고, 게으른 자에게 돌아갈 복은 한 톨도 없고, 게으른 자에게 나눠 줄 재물이나 직위는 결코 없다.

남이 잘 때 덜 자고, 남이 놀 때 땀을 더 흘리는 사람, 그런 사람만이 가난에서 벗어날 수도 있고, 남보다 보란 듯이 잘살 수 있다. 남이 술 마실 때 물 마시고, 남이 춤추고 노래할 때 공부하고 일한 사람, 그런 사람만이 복을 누릴 수 있고 갖고 싶은 것을 소유할 수 있다.

부처님이 가르쳐주신 여섯 가지 나쁜 짓, 우선 거기서 떠나 제 길을 제대로 열심히 가면 돈복도, 직위복도, 자식복도, 명예복도, 무병장수복도 우리는 우리 손으로 누릴 수 있을 것이다.

선의 열매가 익을 때까지

우리 속담에 "콩 심은 데 콩 나고 팥 심은 데 팥 난다"는 말이 있다. 그리고 또 이런 말도 있다. "죄는 지은 데로 가고, 공은 닦은 데로 간다."

그러나 우리가 이 세상에서 한평생을 살면서 바라보고 겪다 보면, 콩 심은 데 콩이 나지 않고 팥을 심었는데도 팥이 나지 않고, 죄를 많이 지은 자가 오히려 더 잘살 뿐 아니라 큰소리 떵떵치고 사는 꼴을 자주 보게 된다.

열심히 살고 정직하게 살고 착하게 사는 사람이 더 잘되고 더 잘살아야 할 일인데, 어찌하여 열심히 사는 사람이 셋방살이를 해야 하고, 정직하게 사는 사람이 청소부를 해야 하고, 착하게 사는 사람이 노점상을 해야 하며, 열심히 정직하게 착하게 사는 사람이 자식들 학비 걱정을 해야 하는가?

허구헌 날 남의 주머니를 털고 칼을 휘두르는 소매치기 폭력 전과 7범은 으리으리한 저택에 살았고, 왜정시대에는 왜놈의 군대에 들어가 천황폐하에게 동방예배를 올리면서 영달을 꿈꾸던 자가 해방이 된 다음에는 재빠르게 우리 옷으로 바꿔 입고 출세를 거듭했으며, 좋은 자리는 두루두루 차지해서 뒷구멍으로 엄청난 치부를 할 수 있었던가.

우리는 이런 치사하고 더러운 꼴을 보면서 "하늘도 눈이 멀었지"를 연발하며 고르지 못한 세상을 한탄해왔다. 못된 짓을 하고 악한 짓을 하고 거짓말을 밥 먹듯 하는 자는 점점 못되고 신세가 갈수록 처량해져야 마땅한 일이거늘, 그런 못된 자들이 좋은 자리는 더 차지하고 큰소리는 점점 더 치고 부귀영화는 더 잘 누리는 세상. 그래서 우리는 "세상은 정말 불공평하다"고 한숨을 내쉬었다.

그러나, 우리는 그렇게 조급하게 한숨을 내쉬고 세상을 한탄할 필요는 없다. 입으로는 그럴 듯한 대의명분을 내걸고 백성을 속여 제 뱃속만 채우던 족속들이 천년 만년 부귀영화를 누리고 살 것처럼 날뛰었지만, 그들이 얼마나 처참하고 더럽게 최후를 마쳤는가를 역사는 우리에게 수없이 보여주었다.

인과응보.

그렇다. 역사는 우리에게 '콩 심은 데 콩 나고 팥 심은 데 팥 나는' 영원불변의 진리를 보여주었다. 심은 대로 거두는 저 오묘한 철리를 우리는 그동안 수없이 보아 왔다. 그런데도 우리는 너무 조급히 천벌이 내리지 않는다고 안달을 했고, 왜 지금 당장 콩 심은 데 콩이 나지 않느냐고 발을 굴렀다. 그래서 석가모니는 우리에게 타이른다.

악의 열매가 익기 전에는
악한 사람도 복을 만난다.
악의 열매가 익은 뒤에는
악한 사람은 벌을 받는다.

선의 열매가 익기 전에는
착한 사람도 화를 만난다.
선의 열매가 익은 뒤에는
착한 사람은 복을 만난다.

지나간 세상일을 되돌아보노라면 석가모니의 이 말씀은 그야
말로 척척 들어맞았다. 젊어서 제 육신 팽팽한 것을 미끼로 하
여 본처를 몰아내고 단꿈을 꾸었던 첩의 말로가 늙어서 어찌
되었는가를 수없이 보았다.

돈버는 데는 인정사정 없고, 돈을 벌기 위해서라면 피도 눈
물도 없던 악독한 기업주가 사업이 망하고 몸은 늙어 병든 뒤
에 치사하고 더러운 말년을 사는 꼴도 우리는 수없이 보았다.

한때는 으리으리한 감투를 쓰고 뽐내고 으시대며 뒷구멍으로
치부에만 눈이 뒤집혔던 고관대작이 어느날 갑자기 본색이 드
러나서 개망신을 당하고 여섯 살 짜리 아이들에게까지 더러운
인간이라고 손가락질을 받고 4천만 백성들로부터 저주를 받고
지탄을 받고 가래침을 받는 꼴도 우리는 두 눈 뜨고 똑똑히 보
았다.

전쟁중에는 군대에 가게 될까 봐 나이를 열 살이나 올려서

호적을 신고하고, 군대에 갈 나이가 훨씬 지나고 나서는 '너무 늙었으니 이제 그만 물러나라'고 할까 겁이 나자 재판을 통해서 다시 나이를 열 살 내린 어떤 사기꾼이 "나는 성직자요" 하고 행세를 해 오다가, 구두 속에 숨겨 가지고 나가던 외국돈이 들통나서 결국은 본색이 드러나고 개망신을 당한 꼴도 우리는 두 눈으로 똑똑히 보았다.

일찍이 석가모니 부처님이 말씀하신 바로 그대로, 제 스스로 악의 나무 씨앗을 심고 그 씨앗이 싹트고 점점 자라 꽃이 피었을 때, 어리석은 장본인은 그 꽃이 아름답고 화려하고 향기로운 꽃인 줄만 알고 좋아했고 으시댔고 자랑했다. 그리고 그 꽃을 바라보던 우리들은 '저런 못된 놈이 잘되는 세상'을 한탄하며 그 꽃을 부러워했고, 나도 저런 꽃을 한번 가져 봤으면 하고 은연중에 빌고 또 빌었다.

그러나 그 꽃에서 열매가 맺히고 그 열매가 점점 커져 익을 무렵이 되었을 때, 그 열매에서는 온 세상이 고개를 저을 정도로 더러운 냄새가 퍼지기 시작했고, 드디어는 그 열매가 아름답고 탐스럽고 향기로운 열매가 아니라 악취가 진동하는 사람 잡을 악의 열매였다는 사실이 자연히 드러났다. 이 얼마나 오묘한 법칙이며, 이 얼마나 오묘한 천벌이며, 이 얼마나 고소한 결과인가!

그렇다. 이 세상은 그래서 살 맛이 난다. 죄 많이 짓고, 나쁜 짓 많이 하고, 공직을 악용해서 개인적인 치부만 일삼은 자들이 두고두고 부귀영화를 누리고 세세연년 잘먹고 잘살고 영화를 누린다면, 이놈의 세상 살 맛이 없어질 것이다. 그러나 이 세상에는 얼핏 눈에 보이지 않는 것 같지만 엄연히 인과응보의 무서운 법칙이 있고, 인과응보의 무서운 천벌이 있고, 인과응보의 통쾌한 결과가 있다.

석가모니 부처님이 말씀하신 바로 그대로 악의 씨앗을 심은 자는 반드시 악의 열매가 익으면 벌을 받을 것이다. 석가모니 부처님이 우리에게 타이르신 바로 그대로, 정직하고 착하고 부지런히 세상을 살아가는 사람은 선의 열매가 익는 날에는 어김없이 큰 복을 받게 될 것이다. 아직도 죄를 지으면서 큰소리 떵떵치고 사는 자가 있거든 우리 어디 한번 얼마나 가는가 모두 지켜보자. 아직도 사기나 치면서 남에게 피해를 입히면서도 호의호식하는 자가 있거든 어디 얼마나 더 가는가 우리 한번 지켜보자.

아직도 공직에 앉아 떡고물이나 탐내는 그런 치사한 족속이 주변에 있거든 우리 한번 눈을 부릅뜨고 지켜보자. 과연 저들이 뿌리고, 저들이 스스로 가꾼 악의 나무에 악의 열매가 열어 익어가는 모습을 지켜보아주자. 그러면 결국은 그 악의 열매가 익을 대로 익는 날, 저들은 어김없이 망신을 당하고 지탄을 받고 천길 나락으로 굴러떨어지는 더럽고 비참한 꼴을 우리에게 보여 줄 것이다.

심은 대로 거두고 가꾼 대로 거두는 철리, 콩 심은 데 콩 나고 팥 심은 데 팥 나는 진리는 인공위성이 날아다니는 세상이라 해도 변하지 않는다. 악의 씨앗을 심으면 악의 열매가 열리는 진리는 컴퓨터 세상에도 변하지 않는다. 악의 씨앗을 심은 자의 나무가 무럭무럭 자라고 그 나무에서 겉보기에도 화려한 꽃이 피었다고 해서, 우리는 결코 부러워하지는 말자. 그리고 그 꽃을 탐내어 우리마저 악의 씨앗을 심지는 말자.

오늘 내가 비록 가난할지라도, 오늘 내가 비록 헐벗었을지라도, 오늘 내가 비록 고달플지라도, 우리는 마음 변하지 말고 선의 씨앗을 열심히 심고, 선의 나무가 잘 자라도록 풀을 뽑고, 거름을 주고, 벌레가 먹지 못하게 보살피고 가꾸자. 그러면 언젠가는 분명히 우리가 심고 가꾸는 이 선한 나무에, 그야말로 아름답고 향기로운 꽃, 먹음직스럽고 달콤하고 맛있는 복의 열매가 주렁주렁 열리게 될 것이다. 그리고 그 열매를 따먹는 바로 그날, 우리는 그동안의 고생, 그동안의 인내, 그동안의 노력을 자랑스럽게 여길 수 있을 것이다.

악한 자가 잘사는 꼴을 보고 한탄하지 말고 악의 열매가 자라고 있다고 생각하자. 내가 고달픈 것을 비관하지 말고, 복의 씨앗을 심고 가꾸고, 그 복의 열매가 익기를 기다리고 있다는 바른 마음을 꼭꼭 간직하자. 우리가 심은 선의 열매가 주렁주렁 열려 익을 때까지…….

기분 좋게 잠자는 사람

언제 어디서나 기분 좋게 잠을 잘 자는 사람은 행복한 사람
이다. 언제 어디서나 기분 좋게, 맛있게 무엇이든 잘 먹는 사람
은 행복한 사람이다. 내가 이 세상에서 가장 부러워하는 사람
은, 언제 어디서나 기분 좋게 잠을 잘 자는 사람이다. 내가 이
세상에서 좋아하는 사람은 언제 어디서 무슨 음식을 먹든 기분
좋게 맛있게 잘 먹는 사람이다.

지위가 높거나 낮거나, 가진 것이 있거나 없거나, 언제 어디
서든 기분 좋게 잠을 잘 자는 사람은 늘 보아도 얼굴이 훤하
고, 언제 어디서 보아도 표정이 밝고, 언제 만나도 포근한 웃음
이 번져 나온다.

언제 어디서건 기분 좋게 잘 자는 사람은 그만큼 마음속에
근심이 없고, 걱정도 없고, 화낼 일도 없고, 속상할 일도 없고,
싸울 일도 없고, 구할 것도 없고, 바라는 것도 없고, 욕할 것도
없고, 탓할 것도 없으리라.

구하고자 하는 것이 많은 사람은 늘 마음이 편할 수가 없다. 원망이 가슴속에 가득한 사람은 마음 또한 편할 리가 없다. 화나는 일, 성나는 일이 늘 가슴속에 끓고 있는 사람은 마음이 편안할 리가 없다. 미운 사람을 많이 가진 사람도 마음이 편할 리가 없다.

이렇게 마음이 편안하지 못한 사람이 언제 어디서건 어찌 기분 좋게 잠을 잘 잘 수 있을 것인가? 그래서 나는 언제나 어디서나 마음만 먹으면 기분 좋게 잠을 잘 자는 사람을 보면 한없이 부러울 뿐이다.

 부처님께서도 사위성 남쪽 아라아비 숲속에서 나뭇잎을 깔고 주무신 적이 있었는데, 파타카라는 사람이 숲속을 거닐다가 나뭇잎을 깔고 주무시는 부처님을 만나 걱정스럽게 물었다.

"부처님이시여, 편안히 주무셨습니까?"

"잘 잤다. 나는 이 세상에서 기분 좋게 잠을 잘 자는 사람 가운데 한 사람이다."

"하오나 부처님이시여. 겨울밤은 춥습니다. 요즘은 서리가 내려 땅바닥은 소가 밟아 놓은 듯 단단합니다. 거기에 또 깔고 주무신 나뭇잎은 얇고 옷도 얇으며, 찬바람에 나뭇잎은 떨고 있습니다. 그런데 부처님께서는 기분 좋게 잘 자는 한 분이라 하시니 무슨 말씀이시온지요?"

부처님은 얼굴 가득히 웃음을 띄신 채 이렇게 대답하였다.

"파타카여. 그대는 어떻게 생각하는가? 여기 큰 부호의 저택

이 있다고 하자. 그 방은 안팎으로 단단히 바르고 문을 굳게 닫아 바람이 들어갈 틈이라고는 조금도 없다. 그 안에는 침대가 있고 푹신푹신한 털이불을 덮었고 보드라운 염소털로 만든 요를 깔았으며, 위에는 양산을 드리웠고 양쪽에는 빨간 베개를 두었다. 등불은 아늑하게 비추고, 네 사람의 아내와 첩들은 주인을 위해 시중을 들고 있다. 파타카여, 그대는 어떻게 생각하는가? 과연 그 집주인은 기분 좋게 잠을 잘 잘 수 있다고 생각하는가?"

"부처님이시여. 그 사람은 기분 좋게 자리라고 생각합니다."

"파타카여. 잘 생각하여 대답하는 게 좋다. 그 주인은 몸과 마음에 탐욕으로 생기는 더운 기운을 느낄 것이니 그 때문에 괴로운 잠이 되지 않겠는가?"

"그렇겠습니다."

"파타카여, 그 주인이 괴로워하는 더운 기운의 근본인 탐욕을 나는 이미 떠나 뿌리째 뽑아 다시는 생각조차 나지 않게 했다. 그래서 나는 기분 좋게 잘 자는 것이다. 또 파타카여. 그 주인은 성냄과 어리석음에서 생기는 더운 기운을 몸과 마음에서 느낄 것인데, 그래도 잠이 제대로 오겠는가?"

"제대로 잠이 오지 않을 것입니다."

"파타카여. 그 주인이 괴로워하는 더운 기운의 근본인 성냄과 어리석음을 나는 완전히 뿌리째 뽑아버려 다시는 일어나지 못하게 했다. 그래서 나는 기분 좋게 자는 것이다. 욕심의 더러움과 번민이 없으면 편안히 기분 좋게 잘 수 있다. 모든 소원과 두려움이 없으면 편안히 기분 좋게 잘 수 있다."

부처님은 일찍이 우리에게 이렇게 가르쳐주었고, 또 몸소 보여주었다. 맨땅 위에 나뭇잎을 깔고 잘지라도 욕심이 없고 바라는 게 없고, 번민과 근심과 걱정이 없으면 편안하고 기분 좋게 잘 수 있는 행복한 인생길을 부처님은 우리에게 보여 준 것이다.

80평짜리 호화 아파트에서 사는 사람은 밤마다 기분 좋은 잠을 자고 있을까? 1억짜리 올림픽복권에 당첨된 사람은 과연 밤마다 기분 좋은 잠을 자고 있을까? 남이 부러워하는 링컨 컨티넨탈이나 캐딜락 리무진 승용차를 타고 다니는 사람은 과연 밤마다 즐겁고 기분 좋은 잠을 자고 있을까? 1년이면 수백, 수천억 원씩 벌어들이는 재벌은 밤마다 즐겁고 기분 좋은 잠을 자고 있을까? 부동산 투기로 앉은 자리에서 몇억 원을 벌어들인 한탕주의자 복부인은 과연 밤마다 즐겁고 달콤하고 기분 좋은 잠을 자고 있을까?

감투를 쓰고 싶어 안달이 나서 이 방법, 저 수단 가리지 않고 큼지막한 감투를 기어이 끌어다 쓰고 계신 벼슬아치들은 과연 밤마다 즐겁고 기분 좋은 잠을 주무시고 계실까?

부처님은 왕위를 버렸다. 부처님은 궁궐도 버렸다. 부처님은 아내도 버렸고 자식도 버렸고 아름다운 무녀들, 호화로운 생활을 모조리 버렸다. 그리고 숲속에 들어가 나뭇잎을 깔고도 즐겁고 기분 좋은 잠을 잘 수 있었다.

그런데 오늘 우리는 편안하고 즐겁고 기분 좋은 잠을 잘 수가 없다. 높은 담장에 철대문을 닫아 걸고, 그것도 모자라서 현관문을 이중으로 닫아 걸고, 푹신푹신한 요를 깔고 두꺼운 이불을 덮고, 알맞은 온도를 유지해 놓고도 웬일인지 불안하고 초조해서 편안하고 즐겁고 기분 좋은 잠을 좀처럼 이룰 수가 없다.

앉아도 떠나지 않는 걱정, 서서도 그치지 않는 근심, 안절부절 못하는 이 괴로운 나날은 그 근본이 대체 어디에 있는가? 그것은 두말할 것도 없이 부처님이 가르쳐준 탐(貪), 진(瞋), 치(癡), 세 가지 독 때문이다. 이 세 가지 독을 끊지 못하고 우리는 오늘도 기분 좋은 잠 한 가지를 잃고 있다.

기분 좋은 잠. 그렇다. 행복한 인생이란 다른 것이 아니다. 행복한 인생이란 대궐 같은 저택에 사는 것이 아니요, 높은 벼슬을 하는 것이 아니요, 큼지막한 감투를 쓰는 것이 아니요, 최고급 승용차를 타는 것이 아니요, 돈뭉치를 베고 자는 것이 아니요, 그저 우선 한 가지, 언제 어디서나 편안하고 즐겁고 기분 좋게 잠을 자는 데 있다.

편안하고 즐겁고 기분 좋은 잠을 잘 수 있는 사람. 그 사람이 세상을 제대로 사는 사람이요, 그 사람이 인생을 인생답게 사는 사람이요, 그 사람이 바로 행복한 사람이다. 그래서 나는 언제나 어디서나 기분 좋게 잠을 잘 자는 사람이 부럽고 또 부럽다.

마지막 입는 옷에는 주머니가 없는데

　이 세상 모든 사람은 지옥을 싫어한다. 지옥이라는 곳이 과연 있는지, 그 누구도 갔다 온 사람은 없지만 아무튼 지옥에 가기를 원하는 사람은 아무도 없다. 반대로 이 세상 모든 사람들은 이 다음에 죽으면 천국이나 극락에 가기를 원한다.

　한자리에 모여 있는 백 명의 사람들에게 "지옥에 가고 싶은 사람은 손을 들어보시오!" 한다면 기꺼이 손을 들 사람은 아마 한 명도 없을 것이다. 그러나 "천국이나 극락에 가고 싶은 사람은 손을 들어보시오!" 하면 거의 다 손을 들 것이다.

　그러나 그렇게 좋다는 천국과 극락도, 지금 당장 가고 싶은 사람 손 들어 보라고 하면 손 들 사람은 없을 것이다. 천국이 좋으네, 극락이 좋으네 해도 지금 내가 살고 있는 이 세상만은 못해서일까? 그래서 우리의 옛 조상들은 "개똥밭에 굴러도 이승이 좋다"고 했다. 어디 그뿐이랴. "죽은 정승은 산 개만도 못하다"라는 속담도 있다.

지금 우리가 숨쉬고 움직이고 바라보고 느끼는 바로 이 세상이 우리가 그리는 극락이라면 얼마나 좋을까? 그래서 부처님은 저 세상에 있는 극락이 문제가 아니라 지금 우리가 살고 있는 바로 이 세상을 극락정토로 만들어 가고자 45년 동안 설법을 펼치며 돌아다녔다. 내 집안을 극락으로 만들고, 내 이웃을 극락으로 만들고, 내가 사는 동네를 극락으로 만들고, 우리가 사는 나라를 극락으로 만들고자 헌 누더기도 마다하지 않고, 식은밥도 마다하지 않고 땅바닥에 나뭇잎을 깔고 잠을 자면서 이 세상을 극락정토로 만드는 길을 하나하나 자세히 가르쳐주었다. 솔직히 말해서 부처님이 세세히 가르쳐 준 그 바른길로만 사람들이 걸어가고, 부처님이 가르쳐 준 그대로만 말하고 생각하고 행동했더라면 세상은 이미 극락정토가 되어 있을 것이다. 세상은 이미 무릉도원이 이루어졌을 것이다.

그러나 부처님의 가르침이 울려 퍼진 지 2,600년이 가깝도록 세상은 불행하게도 극락정토가 되지 못했고, 갈수록 축생·아귀와 같은 사람들이 들끓어 살벌한 풍토로 변해가고 있다.

도대체 세상은 왜 이렇게 되어 가고 있는가? 그것은 이 땅에 살고 있는 우리들이 어리석기 때문이다. 돈, 재물, 쾌락과 직위, 권세와 명예가 인생의 최대목표이자 전부인 것처럼 착각을 해서 돈을 위해서라면 무슨 짓이든 가리지 않고, 쾌락을 위해서라면 무슨 짓이든 가리지 않고, 권세를 손아귀에 넣으려고 무슨 짓이든 가리지 않는 어리석음 때문에 세상은 갈수록 살벌해지고 혼탁해진다. 그러나 우리는 부처님의 가르침을 다시 한 번 떠올릴 필요가 있다.

옛날 부처님이 기원정사에 계실 때, 파세나디왕의 어머니가 돌아가셨다. 이때 파세나디왕은 부처님을 찾아뵙고 자신의 어머니를 잃은 슬픔을 하소연했다.

"부처님, 저의 어머님이 돌아가셨습니다. 백 살이 가까운 어머님은 매우 노쇠하셨지만 저는 한결같이 공경해 왔습니다. 만일 이 왕의 자리를 내놓고 어머님의 죽음과 바꿀 수 있다면, 저는 이 왕위뿐만 아니라 왕위에 따르는 말과 수레와 보물과 나라까지도 기꺼이 다 내놓겠습니다."

이때 부처님은 조용히 말했다.

"너무 슬퍼하지 마시오. 살아있는 모든 목숨은 반드시 죽는 법입니다. 모든 것은 바뀌고 변하는 것, 아무리 변하지 않게 하려고 해도 그렇게 될 수는 없습니다. 마치 질그릇은 그냥 구운 것이건 약을 발라 구운 것이건, 언제인가 한번은 깨어져 부서지는 것과 같소. 네 가지 두려움이 몸에 닥치면 그것은 아무도 막을 수가 없소. 그 네 가지 두려움이란 늙음과 질병과 죽음과 무상(無常)이오. 바로 이 네 가지는 어떤 힘으로도 막아낼 도리가 없소. 큰 산이 무너져 사방에서 덮쳐 누르면 아무리 발버둥을 쳐도 빠져 나올 수 없는 것과 같소. 견고하지 못한 것은 아예 믿을 것이 못 됩니다. 그러므로 법으로 다스려 교화하고 법 아닌 것을 쓰지 마시오. 법으로 다스려 교화하면 그 몸이 무너지고 목숨이 끝난 뒤에 천상에 태어나지만, 법 아닌 것으로 다스리면 죽은 뒤에는 지옥에 떨어질 것이오."

부처님이 '법으로 다스려 교화'하라고 이르신 뜻은 요즘 우리가 흔히 들먹이는 형법 제 몇 조로 되어 있는 그런 법이 아니다. 듣기 싫은 소리 하는 사람 잡아 가두는 그런 법이 아니요, 보기 싫은 사람 가두어 두는 그런 법을 이르심이 아니다.

부처님이 이르신 법은 도리에 맞는 자비와 사랑이다. 도리에 맞는 자비와 사랑으로 아내를 대하고 남편을 대하고 자식을 대하고 부모를 대하면, 그 집안은 더할 나위 없이 복된 집안이 될 것이다. 도리에 맞는 자비와 사랑으로 부하직원을 대하고, 윗사람을 섬기고 일을 하면 그 직장에서는 노사분규가 일어나지 않을 것이요, 삿대질과 고함소리가 일어나지 않을 것이요, 각목으로 사람을 치고받는 저 끔찍한 싸움은 일어나지 않을 것이다. 도리에 맞는 자비와 사랑으로 이 세상을 살아 가노라면 미운 사람도 없을 것이요, 죽여야 할 사람도 없을 것이요, 잡아다 두둘겨 패야 할 사람도 없을 것이요, 오랏줄로 칭칭 묶어 둘 사람도 없을 것이다. 도리에 맞는 자비와 사랑을 마음 가득히 안은 채 정치를 한다면 투쟁하고, 빼앗고 빼앗기는 그런 일은 사라질 것이요, 저만이 옳고 저만 홀로 잘났다고 목에 힘주는 일은 사라질 것이다. 도리에 맞는 자비와 사랑이 충만하다면 힘으로 밀어붙이고 힘으로 누르고 힘으로 빼앗는 일은 일어나지도 않을 것이다. 사람에게 도리에 맞는 자비와 사랑이 없다면 그것은 저 원시림 속에서 약육강식을 되풀이하는 짐승들과 무엇이 다를 것인가?

아무리 눈에 불을 켜고 돈을 모은다고 해도, 아무리 재산을 긁어모아 100층짜리 빌딩 백 채를 짓는다고 해도, 아무리 수단 방법을 가리지 않고 어떤 명예나 직위를 자기 손안에 넣는다고 해도, 지수화풍(地水火風) 네 가지 인연이 다하여 다시 제자리로 돌아가게 될 때, 우리는 돈도 빌딩도 명예도 권세도 고스란히 그대로 놓아두고 가야 한다. 부처님이 이르신 대로 이 세상에서 죽지 아니할 사람은 아무도 없다. 그리고 사람이 죽어서 마지막 입고 저승으로 가는 옷 ― 수의(壽衣)에는 불행하게도 주머니가 없다. 욕심 같아서야 그동안 모아 놓은 돈, 수표, 집문서, 땅문서, 주식, 그런 거 모두 다 주머니에 넣어 가고 싶겠지만, 우리가 마지막으로 입고 가야 할 수의에는 어인 일인지 주머니가 없다.

주머니 없는 옷 수의.

왜 수의에는 애당초부터 주머니를 달아 놓지 않았을까? 주머니 없는 수의, 그것은 우리에게 아무것도 가지고 갈 수 없음을 말해주고 있다. 돈도 재물도 명예도 권세도 쾌락도 잠시 뿐, 우리는 아무것도 가지고 갈 수 없다.

사랑으로 사람을 대하라.

자비로 사람을 대하라.

덕으로 사람을 대하라.

사랑과 자비와 덕으로 사람을 대하면 당신의 가정은 극락이 될 것이다. 사랑과 자비와 덕으로 사람을 이끌면 당신의 회사, 당신의 공장, 당신의 일터는 그야말로 극락정토가 될 것이다. 사랑과 자비와 덕으로 보살펴주면 우리의 이웃, 우리의 사회가 바로 극락정토로 될 것이다.

죽은 뒤에, 갈 수 있는지 없는지 알 수도 없는 저승의 극락보다는 오늘 우리가 숨쉬고 있는 바로 이 땅 위에 전세계가 부러워하는 극락정토가 이룩된다면 얼마나 좋을 것인가! 다툼이 없고, 빼앗음이 없고, 억누름이 없고, 억울함이 없고, 배고픔이 없고, 통곡이 없고, 부러짐이 없고, 모략이 없고, 매수가 없고, 죽임이 없는 세상은 무엇으로 이루어질까?

그것은 자비와 사랑과 덕으로 이루어진다. 바람이 아무리 세차게 불어도 외투를 벗길 수 없지만 포근한 태양의 미소가 외투를 벗길 수 있듯이, 이 세상을 극락으로 만드는 것은 힘도 아니요, 법령도 아니요, 총칼도 아니요, 오직 사랑과 자비와 덕에 의해서만 이루어질 수 있을 것이다.

비록 나에게 돈이 없더라도

　이 세상에 태어난 모든 사람은 원하건 원하지 않건간에 남으로부터 신세와 은혜를 입고 살게 된다. 가까이는 아버지와 어머니의 은혜로부터 누나나 형, 고모와 삼촌, 이웃과 스승의 신세를 지지 않고 사는 사람은 아무도 없다. 어떤 때는 선배 덕택에 인생의 갈 길을 알게도 되고, 또 어떤 때는 선배의 주선으로 일자리를 구하기도 하며, 또 어떤 때는 일가친척의 도움으로 등록금을 내기도 하고, 가게를 다시 차리기도 하고, 호구지책을 얻게도 된다. 북풍한설 몰아치는 엄동설한에 어떤 사람은 따뜻한 밥 한 그릇 얻어 먹은 은혜를 입어 목숨을 연명시킬 수도 있고, 또 어떤 사람은 옷 한 벌을 얻어 입은 덕택에 얼어 죽는 것을 면하기도 한다. 이렇듯이 세상 모든 사람은 크거나 작거나 다른 사람들로부터 여러 가지 은혜를 입고 신세를 지면서, 바로 그 덕분으로 살아가고 있다.

　말하자면 이 세상은 알게 모르게 베풀어지는 크고 작은 보살

핌과 도움에 의해서 이만큼이라도 이어지고 있다. 만약 이 세상에 남을 돕고, 남을 보살피고, 남에게 무언가 베풀어주는 그런 마음이 없다면 아마도 이 세상은 힘센 놈이 약한 놈을 잡아먹고 사는 금수의 세계가 되고 말 것이다.

그러나 우리 사람이 사는 세상에는 천만다행스럽게도 나 아닌 남을 돕고 보살피고 베풀어주는 그런 아름다움이 있다. 나 아닌 남을 위해서 돕고 보살피고 무엇인가를 베풀어주는 이 아름다운 마음은 오직 우리 사람만이 지니고 있고, 또 그 아름다움은 보은(報恩)이라는 또 하나의 아름다움을 통해서 계속 이 세상에 이어지고 있다.

만일 우리 사람들이 은혜만 입고, 도움만 받고, 신세만 진 채, 그 고마움에 보답할 줄 모른다면 남을 위하고, 남에게 베풀고, 남을 도와주는 아름다운 마음은 얼마 가지 못해서 그 씨가 말라 버릴 것이다. 물론 남을 도와 줄 적에 꼭 그 은혜를 갚으라고 조건부로 도와주는 것은 아니지만 우리는 자기가 입은 신세, 자기가 입은 은혜에 대해서는 평생토록 감사히 여기고 그 은혜에 대한 보답을 하고 싶어한다. 말하자면 베푸는 아름다움과 갚으려는 아름다움이 있기에, 이 세상은 이만큼이라도 살맛이 난다.

그동안 자기가 입은 신세나 은혜에 대해서 그 신세를 진 당사자나 은혜를 베풀어 준 당사자에게 은혜를 갚는 것을 우리는 보은이라고 하는데, 우리는 흔히 이 보은을 돈과 재물로 되갚는 것만을 생각하고 있다. 그러나 은혜를 갚는 방법이 꼭 그 당사자에게 해야만 성립될 것이며, 꼭 물질적인 것으로만 가능

할 것이라.

일찍이 부처님께서는 우리 중생들에게 보시를 생활 속에 실천하라고 가르치셨는데, 부처님이 말씀하신 이 보시야말로 넓은 뜻의 보은이요, 은혜를 갚는 가장 좋은 방법이다.

보시에는 물론 배고픈 사람에게 따뜻한 밥 한 그릇을 먹여주는 보시도 있고, 헐벗은 사람에게 옷 한 벌 입혀주는 보시도 있고, 목마른 사람에게 물 한 모금 먹여주는 보시도 있고, 사업에 망한 사람에게 밑천을 대어주는 보시도 있다. 취직을 못해서 온 가족의 생계가 막막한 사람에게 일자리를 마련해주는 것도 물론 보시요, 병든 사람에게 약을 구해주는 것도 값진 보시임에 틀림없다.

그러나 이런 눈에 보이고 손에 잡히는 물질적인 보시도 물론 값지고 귀하고 중요하지만, 이런 물질적인 보시를 베풀려면 그만한 능력이 있어야 한다. 그러면 물질적인 능력이 없는 사람은 보시를 할 수 없는 것일까?

하기야 물질적인 능력이 없는 사람은 저 흔한 방생법회에도 참여할 수 없도록 해 놓은 게 숨길 수 없는 오늘의 세태다. 그러나 부처님은 우리에게 물질적으로 베푸는 것만이 보시라고는 가르치지 않았다. 돈 없고 배경도 없고 가난한 사람일망정, 이 세상 모든 사람들을 위해 가장 값진 보시를 할 수 있는 방법을 부처님은 다음과 같이 가르쳐주고 길을 열어주었다.

만일 보살이 형체와 목숨이 다하도록 살생을 멀리하면 그것은 모든 중생들에게 놀라움과 두려움을 없애주는 보시를 한 것이다. 그는 곧 모든 중생들이 근심과 괴로움을 겪지 않게 하고 모골이 송연해지는 두려움도 겪지 않게 하였으니, 그 선근(善根)으로 말미암아 도(道)가 일찍 성숙되리라.

만일 보살이 주지 않는 것을 손에 넣지 않으면 그것은 곧 중생에게 놀람과 두려움과 번뇌와 요동이 없는 법을 보시하는 것이 된다. 그래서 도리에 어긋나지 않게 얻은 재물에 자족하기를 즐거워하고, 도리에 어긋나는 재물을 구하지 아니하면 이 선근으로 말미암아 도가 속히 성취되리라.

만일 보살이 나쁜 행동[邪行]을 하지 않으면 그것은 곧 음욕에 들뜬 중생들에게 놀랍고 두려움과 질투와 번뇌가 없는 법을 보시하는 것이다. 그래서 자기의 아내에게 만족함을 느끼고, 삿된 색욕을 좇지 않으면 이 선근으로 말미암아 도가 일찍 성취되리라.

만일 보살이 거짓말을 하지 않으면 그것은 곧 중생들에게 서로 사랑하고 공경하고 말이 모두 진실하여 서로 믿고 의심하지 않는 법을 보시한 것이 된다.

만일 보살이 이간하는 말을 하지 않으면 그것은 곧 중생들에게 항상 서로 사랑하고 공경하며 말이 모두 화순(和順)하여 시기심 없는 법을 보시하는 것이 된다.

만일 보살이 추악한 말을 하지 않으면 그것은 곧 중생들에게 항상 서로 공경하고 사랑하며 말을 즐겁게 듣는 법을 보시하는 것이다.

만일 보살이 치사한 말을 하지 않으면 그것은 곧 중생들에게 항상 서로 공경하고 사랑하며 말에 모두 의리가 있어 듣는 이로 하여금 공경하는 법을 보시한 셈이 된다.

만일 보살이 탐욕을 부리지 않으면 그것은 곧 모든 중생에게 항상 서로 사랑하고 존중하며 마음이 청정하여 모든 더러움을 없애게 하는 보시를 한 셈이다.

만일 보살이 성내는 마음을 버린다면 그것은 곧 모든 중생에게 항상 서로 사랑하고 존중하며 마음이 청정하여 모든 감정이 없어지게 한 보시를 한 셈이다.

만일 보살이 나쁜 생각[邪見]을 버린다면 그것은 곧 모든 중생에게 항상 서로 사랑하고 존중하며 마음이 청정하여 삿된 분별을 없애게 하는 보시를 한 셈이 된다.

부처님은 이와 같이 '열 가지 좋은 점'을 지키는 것이 바로 우리가 할 수 있는 '큰 보시'임을 가르쳐주었다.

돈 몇천 원, 몇만 원을 들여 죽어가는 붕어나 잉어나 자라를 시장에서 사다가 강물에 풀어주는 것만이 방생이요 보시가 아니다. 호의호식하고 잘사는 사람보다는 헐벗고 굶주리며 사는 사람도 있는 이 세상에서, 60평이 넘는 호화 아파트에서 비프스테이크를 먹고 사는 사람보다는 단칸 셋방에서 라면을 끓여 먹고 사는 사람이 더 많은 세상에서, 우리는 꼭 몇만 원, 몇십만 원을 보시하지 못한다고 해서 슬퍼할 필요는 없다.

이 세상에 태어나서 그동안 입은 수많은 신세와 은혜를 모른다면 그건 사람이 아니다. 그동안 입은 그 많은 신세와 은혜를 갚지 못한다면 그것 또한 사람의 도리가 아니다. 그러나 그동안 입은 신세를 갚고 은혜를 갚는데, 그 대상을 꼭 누구누구라고 한정할 필요도 없고, 또 그 신세를 갚고 은혜를 갚는 데 꼭 돈과 직위와 재물로만 갚을 필요도 없다.

'그동안 곰곰히 생각해보니 정말 나는 부모님을 비롯한 수많은 사람들로부터 가지가지 수많은 신세와 은혜를 입은 것을 알겠다. 그러나 그 신세와 은혜를 갚는 보시 같은 것은 이 다음에 내가 돈을 더 벌면 그때 꼭 갚을 것이다.'

이런 생각으로 '보시'를 이 다음으로 미룰 일이 아니다. 돈과 재물로 보시를 하려면 주머니에 돈이 있어야 하고 내 손에 재물이 있어야 하지만, 돈과 재물이 아닌 저 '큰 보시'는 당신 마음 하나 잘 먹고, 그것을 생활에 옮기기만 하면 된다.

"돈이 없으면 몸으로라도 때우라"는 말이 있지만, "나에게 돈과 재물이 없어서 보시를 하고 싶어도 못한다"고 핑계를 내세울 게 아니라, 돈과 재물 보시는 지금 당장 못할 형편이더라도 마음과 몸으로야 왜 보시를 할 수 없단 말인가?

있거나 없거나, 높거나 낮거나, 부처님이 가르쳐주신 '열 가지 좋은 일'을 실천하는 사람, 그 사람이 가장 크고 많은 보시를 행하는 사람이다.

목에 힘주는 사람

　이 세상 모든 사람은 그 누구라도 목에 힘주는 사람을 좋아
하지 않는다. 이 세상 모든 사람은 뽐내고 으시대는 사람을 좋
아하지 않는다. 이 세상 모든 사람은 교만한 자, 거만한 자를
좋아하지 않는다. 이 세상 모든 사람은 자랑하기 좋아하는 사
람을 좋아하지 않는다.

　우리는 이 세상을 살아가면서 뽐내기 좋아하고 으시대기 좋
아하는 이웃을 만나는 경우가 있다. 우리는 이 세상을 살아가
면서 남편 자랑을 늘어 놓고 자식 자랑을 늘어 놓는 그런 이웃
을 만나기도 한다. 순진하고 청순해야 할 어린 아이들 가운데
서도 "우리 아빠는 사장이다" 하고 뽐내는 경우도 있고, "이
학용품은 우리 아빠가 외국에서 사다주신 거다" 하면서 으시대
는 경우도 있다. 동창회·친목계에는 으레 요란하고 화려한 옷
으로 치장을 하고 귀걸이, 다이아반지에 팔찌까지 차고 나와서
잘사는 자랑을 하는 그런 여자들도 흔하고 흔하다.

어떤 사람은 승진을 했다고 해서 목에 힘을 주고, 어떤 사람은 쥐꼬리만한 권력을 쥐었다고 해서 배를 내밀고 턱을 치켜올리고, 짧은 목을 뒤로 젖히고 입가에는 오만하고 방자한 웃음을 띠우는 그런 경우도 종종 보게 된다. 또 어떤 사람은 부동산 투기로 벼락부자가 되어 잘사는 것을 자랑하고 으시대고 뽐내고 싶어서, 고급 승용차를 굴리고 호화주택을 사들이고 유명하다는 화가의 그림을 비싼 값에 사들여 거꾸로 걸어 놓기도 한다. 또 어떤 사람은 자기의 돈과 능력을 여러 사람에게 자랑하고 과시하기 위해 몇억 하는 골프장 회원권을 사들이고 나보란 듯이 골프장에 들락거리며, 만나는 사람들에게 "어제는 골프장에 가서 좀 무리를 했더니 피곤해. 사우나에나 가서 몸을 좀 풀까" 하면서 주접을 떨기도 한다.

그러나 이 세상에 목에 힘주고 고개를 뒤로 젖힌 채 세상 사람들을 깔보는 그런 족속을 좋아할 사람이 정말이지 단 한 사람인들 있겠는가? 뽐내고 으시대고 자랑을 일삼는 그런 사람은 아이들 사이에서도, 여자들 사이에서도, 직장 동료들 사이에서도, 이웃간에도, 어느 누구 하나 좋아할 사람이 없다.

남편이 공직자이거나 회사원인데도 으리으리하게 잘사는 자랑을 그 부인이 늘어 놓고 으시대고 뽐낸다면, 이건 그야말로 "우리 남편은 부정한 사람이니 잡아가든지 파면시켜주세요" 하고 외치고 다니는 거나 다름없다.

어떤 여자가 비싼 옷자랑, 비싼 보석자랑을 늘어 놓을 때, 그 자랑하는 꼴을 보고 들으면서 기분 좋아할 여자는 아마 한 명도 없으리라. 그렇잖아도 못사는 사람들에게 화려한 옷차림, 으리으리한 값진 보석을 내보이며 약올리는 그런 여자를 어느 누가 예쁘게 보고, 어느 누가 좋아할 것인가?

남자건 여자건 학생이건 어린애건간에, 남에게 으시대고 뽐내고 자랑을 늘어놓으면 으시대고 뽐내는 그 사람은 그 순간이 기분 좋을지 모르지만, 친구로부터 이웃으로부터 동료로부터 그만큼 질시의 대상이 되고 아니꼬운 대상이 되고 지탄의 대상이 되고, 심한 경우에는 원수처럼 되게 마련이다.

장관 부인이건 재벌 며느리건, 언제, 어디서나, 어느 누구에게나 교만하지 않고 수수한 옷차림, 소박한 치장, 따뜻한 말씨로 보통 여자 행세를 할 때, 주변 사람들은 그 여자를 존경하고 흠모하며 칭송을 아끼지 않을 것이다.

그래서 부처님은 일찍이 우리에게 "보살은 다만 이름으로만 보살이 아니다. 능히 착한 법을 닦고 평등한 마음을 지니고 실천해야 비로소 보살이라고 이름할 수 있다"고 말씀하셨고, 《아함경》에서는 다음과 같이 깨우쳐주었다.

비구들아, 남자나 여자나 또 승려거나 속인이거나 항상 되살피지 않으면 안 될 다섯 가지 일이 있다.

나는 늙어가는 몸이다. 늙음을 뛰어넘을 수는 없다.

나는 병들 몸이다. 병에서 벗어날 수는 없다.

나는 죽어가는 몸이다. 죽음에서 벗어날 수는 없다.

나의 사랑하는 모든 것도, 좋아하는 모든 것도 모두 변하고 덧없는 것이다.

나는 나의 업을 이어받은 자다. 내가 쌓은 업에서 벗어날 수는 없다.

사람은 누구나 젊을 때에는 교만이 있어서 이 교만에 미쳐 날뛰어 몸과 말과 뜻의 세 가지 악을 짓는다. 그러나 늙음에서 벗어날 수 없다는 점을 반성함으로써 이 교만을 없애고 교만을 줄일 수 있다.

사람은 누구나 건강할 때에는 교만에 날뛰어 몸과 말과 뜻으로 세 가지 악을 짓는다. 그러나 병에서 벗어날 수 없다는 점을 깨닫고 반성함으로써 교만을 줄이고 교만을 없앨 수 있다.

사람은 언제까지나 죽지 않을 것이라고 생각하는 교만이 있어서 미쳐 날뛰어 세 가지 악을 짓는다. 그러나 죽음에서 벗어날 수 없다는 점을 깨닫고 반성함으로써 이 교만에서 벗어날 수 있다.

사람은 내가 사랑하고 내가 좋아하는 것에 탐욕이 일어나 이 탐욕에 미쳐 날뛰어 세 가지 악을 짓는다. 그러나 내가 사랑하고 좋아하고 자랑하는 모든 것은 영원하지 않고, 변하고 부서지고 없어진다는 점을 깨닫고 반성함으로써 탐욕에서 벗어날 수 있다.

그렇다. 부처님의 말씀대로 자기는 항상 젊고, 항상 건강하고, 항상 잘살고, 항상 좋은 자리를 누릴 줄로 착각한 사람들이 교만심에 젖어 으시대고 자랑하고 뽐내고 거만을 떤다.

그러나 이 세상에 천년 만년 부자로 산 사람이 어디 있었으며, 천년 만년 높은 지위를 누린 사람이 어디 있었으며, 이 세상에 어느 누가 천년 만년 자랑만 하고 으시대며 살 수 있었던가?

우리 남편은 계속 승진만 하고 출세가도만 달릴 것으로 착각하는 여자가 뽐내고 으시댄다.

자기는 앞으로도 계속 호의호식하고 고대광실에서만 살 것으로 착각하는 사람들이 목에 힘을 주고 배를 내밀며 거드름을 피운다.

자기는 앞으로도 계속 권력을 쥐고 흔들 것이라고 착각한 사람이 아랫사람을 깔보고 큰소리를 떵떵치며 아랫사람 알기를 우습게 안다.

자기 자식은 앞으로도 계속 공부를 잘하고 시험만 쳤다 하면 합격이요, 계속 출세길이 보장되었다고 착각하는 사람들이 서푼짜리 자랑에 열을 올린다.

그러나 거만하고 교만하고 방자하게 으시대는 사람에게는 다음과 같은 결과가 나타나게 된다고 부처님은 경고하였다.

욕심이 많고 마음이 방자하고 교만한 자는 날로 재물이 줄어들고 사람의 도(道)를 잊게 되어 위태롭고 사람들이 공경하지 아니하고, 죽음에 이르러서는 후회하게 되며 좋지 못한 소문이 세상에 퍼지고, 죽은 뒤에는 지옥과 같은 고통에 떨어지게 될 것이다. 그러나 만일 마음을 잘 다스려 온순하고 공손하며 방자하지 않으면 다섯 가지를 크게 얻을 것이다.

재물이 날로 불어나고 도에 가까워지고 이르는 곳마다 공경을 받고, 죽음에 이르러 후회함이 없으며 좋은 이름이 멀리 퍼지고, 죽은 뒤에는 천상과 같은 복받는 곳으로 가게 될 것이다.

부처님도 이렇게 말씀하셨듯이 뽐내고 으시대고 교만하면 곧 지탄의 대상이 되고, 욕먹는 대상이 되고, 패망의 원인이 된다.

우리들의 주변에서도 남보다 더 높은 지위에 있다고 해서, 남보다 돈을 더 가졌다고 해서 한없이 뽐내고 으시대고 방자하게 설쳐대다가 치사한 본색이 만천하에 드러나서 패가망신한 족속이 어디 하나 둘이었던가.

우리는 언제, 어디서나, 누구에게나 자랑하고 뽐내고 으시대고 목에 힘주는 교만한 자가 되지는 말자.

태어난 자는 반드시 죽고, 한번 성하면 반드시 쇠망한다는 저 무서운 법칙을 깨달아 언제나 겸손하고, 언제나 공손하고, 언제나 수수하고, 언제나 소박한 보통 사람의 자세를 가장 값진 보물처럼 간직하는 사람, 그 사람이 참으로 지혜로운 사람이다.

행복은 성적순일까

　학교에 다니는 자녀를 둔 집안에서는 걱정이 태산 같다. 중학교에 다니는 자식을 둔 부모들은 만나면 한숨이요, 나오느니 탄식이다. 고등학교에 다니는 자식을 둔 부모들 심정은 그야말로 좌불안석, 먹어도 먹은 것 같지 않고 자도 잔 것 같지 않다.

　80만 명을 오르내리는 고등학교 졸업생 가운데서 대학이라는 간판이 붙은 곳에 들어갈 수 있는 숫자는 고작해야 20만 명 안팎. 그러니 나머지 60만 명 가까운 젊은 남녀들은 대학 문턱 안에조차 들어갈 수가 없다.

　대학에 다니는 자식을 둔 부모들은 행여라도 내 자식이 '의식화'되지는 않을까, 데모 대열에 끼이기라도 해서 제적을 당하고 교도소에 가고 문제학생이 되어 장래를 망치지나 않을까 노심초사 전전긍긍이다. 그래서 옛사람이 "무자식 상팔자"라 했던가?

　고등학교조차 진학하기가 이렇게 어렵고, 대학 문턱 들어서

기가 하늘에 별따기요, 제적당하지 않고 용케 눈치 보며 졸업을 한다고 해도, 또 취직자리 구하기는 황소가 바늘구멍 들어가기보다도 어려운 세상이고 보면, 자식 가진 부모들치고 속이 바싹바싹 타지 않을 수가 없다. 그래서 눈만 뜨면 달달 볶아댄다. 자식들을 볶아대고, 자기 자신을 달달들들 볶아댄다.

입만 뻥긋하면 "공부해라! 공부!"요, 두 다리만 뻗었다 하면 나오는 게 탄식이다. "아무개네 자식들은 공부도 잘하건만 우리집 자식은 어인 일로 공부도 못하는고!" 그래서 자식들은 자식들대로 공부 못하는 죄로 날이 갈수록 주눅이 들고, 하루하루 다가오는 입학시험날이 심청이가 인당수에 빠져 죽을 날처럼 바짝바짝 다가오니 입술이 타고 목이 타고 오장육부가 바싹바싹 타들어 간다.

그러나 세상은 참 오묘한 곳. 그렇게 자식을 달달 볶으며 속을 바싹바싹 태우면서 살 필요가 없다. 눈 한번 크게 뜨고 한 발짝만 뒤로 물러서서 바라보면, 정말 세상은 그렇게 바작바작 아등바등 살 것이 아니다.

내가 아는 한 아주머니가 있었다. 자신은 굶어도 자식은 먹여야 하고, 자신은 헐벗어도 자식은 제대로 입혀야 하고, 자신은 못 배웠지만 자식은 제대로 가르쳐야 한다고, 무던히도 발버둥치고 지독히도 치마끈을 졸라맸던 아주머니였다.

그렇게 몸부림치며 "공부! 공부!"를 외쳐댔던 보람이 있었던지 아들 둘, 딸 하나는 여봐란 듯이 다 일류대학에 당당히 합격했고, 아들 둘은 공부를 더 잘해서 미국유학까지 척척 갔는가 하면, 미국에서도 가장 권위있고 유명한 대학교에서 자랑스런 박사학위까지 따냈으니, 이 아주머니 그야말로 "어절시구 좋을시고, 내 아들 장한 아들, 두 놈 다 박사라네!" 하면서 어깨춤을 늘상 추고 다니셨다.

그 아주머니는 정말 고생하신 보람이 있었구나, 부러워하다가 그 뒤 우리집은 고향을 완전히 떠나 왔기에 소식이 끊긴 지 10여 년이 지났다.

그런데 10여 년 지난 뒤에 들은 그 아주머니의 안부는 행복한 것이 아니었다. 미국유학을 마치고 박사가 된 두 아들은 부모에게는 일언반구의 의논도 없이 미국에서 아내를 척척 얻어서 금의환향, 누구도 부러워할 유명한 직장에서 높은 대우를 받고 있는데, 큰아들·작은아들 둘이서 공동출자로 열두 평짜리 아파트를 한 채 어머니에게 사준 뒤, 온라인 구좌를 통해 다달이 생활비를 입금시켜 줄 뿐 할머니가 손자들을 보고 싶어 찾아가면 시험때라고 면회거절이요, 아프다고 거절이요, 할머니가 손자녀석들 주려고 잘 익은 홍시라도 몇 개 사가지고 가면 이런 불결한 것을 어떻게 아이들에게 먹이느냐고 쓰레기통에 던져 넣질 않나, 아들 며느리 하는 짓이 가관이었다는 것. 아파트 사드렸지, 생활비 꼬박꼬박 입금시켜 주었으면 되었지, 왜 귀찮게 자꾸 찾아오시느냐고 구박까지 하더란다. 큰아들 집에서도, 둘째아들 집에서도 이 지경이니 이 할머니는 어느날 아들네 아파트에 찾아갔다가 친정집 손님들이 와 계시니 다음에 오라는 며느리의 박대에 그만 울화통이 터져서 고래고래 소리를 질렀다.

"네 이년! 저 자식을, 내가 어떻게 키운 자식인데, 세상에,

세상에 이럴 수가 있냐!"

울고불고, 발을 구르며 고래고래 소리를 지르던 이 할머니는 바로 몇분 뒤 정신이상자로 몰려 아들 며느리의 요청에 따라 강제로 정신병원에 입원하는 신세가 되었다.

그 후 이 할머니는 두 번이나 정신병원 신세를 지게 되었고, 그제서야 자식들 교육을 천번 만번 잘못시켰다고 뼈저리게 후회하였다. 세상에 가장 부러운 사람은 돈은 잘 못 벌고 가난하더라도 온 가족 오순도순 사는 사람들이라고 했다. 그래서 시장어귀에서 비닐봉지에 과일 몇 개 사들고 들어가는 남자들을 보면 '그래도 저 사람은 자기 어머니 드리려고 과일을 사들고 가는구나' 싶어 눈물만 흘린다는 이야기였다.

"공부! 공부!"에 달달 볶이면서 친구도 모르고, 어른도 모르고, 우애도 사랑도 모른 채 단어만 외우고 공식만 외우고 ○× 만 잘 쳐서 일류 고등학교, 일류 대학교 들어가는 데만 혈안이 되었던 자식들이 더더구나 미국에 가서 못된 개인주의만 배워왔으니, 인정이 무엇인지, 의리가 무엇인지, 효도가 무엇인지 알 리가 없지 않은가?

자식이 제 아무리 공부를 잘하고, 제 아무리 일류 대학을 나와서 내로라 하는 유명한 박사가 되면 무슨 소용인가?

늙은 아버지·어머니가 자식 집에 가고 싶어도 허락을 받아야 되고, 자식 얼굴, 손자 얼굴 보려고 해도 예약을 해야 하는 세상이라면, 그런 세상은 국민소득이 20만 달러 한다고 해도 부러워할 일이 못 된다.

공부를 잘한다고 하더라도 저만 알고 예절을 모르고 인정을 모르고 사랑을 베풀 줄 모르는 자식은 몇 년 뒤에는 틀림없이 천하에 둘도 없는 불효자식이 될 것임을 잊어서는 안 된다.

그러나 지금 비록 공부는 좀 떨어지더라도 예절을 알고 인정을 알고, 어려운 일에 앞장서고, 부모의 고생을 제대로 알고, 친구를 위해 울 줄 알고 참을 줄 알고 양보할 줄 아는 그런 자식이라면, 그 자식은 틀림없이 몇 년 후에 우리들 어버이들을 행복하고 흐뭇하게 해줄 사랑스런 녀석임에 틀림없고, 바로 그런 보통 사람들이 이 나라 이 사회를 위해서 필요한 사람이라는 것을 잊어서는 안 된다.

부처님께서는 일찍이 우리들에게 욕심을 버리라고 가르치셨다. 욕심을 줄이는 것이 바로 행복하게 사는 길이라고 일러주었다. 욕심 가운데는 재물욕·명예욕·권력욕 등 수없이 많지만, 학교 다니는 자녀를 둔 가정에서는 무엇보다도 먼저 자식에 대한 욕심부터 줄이는 것이 가장 급한 일이다.

"공부! 공부!" 하는 지나친 욕심이 자식을 주눅들게 해서 열등감의 노예로 만들거나, 아니면 공부벌레가 되어 인정도 의리도 피도 눈물도 통하지 않는 극단적인 이기주의자로 만드는 결과를 얻기가 쉽다.

내 자식이 일류 대학을 나온다고 해서 자식과 나의 행복이 보장되는 것이 아니며, 일류 회사에서 월급을 많이 받는다고 해서 인생의 행복이 보장되는 것이 아니다.

온라인을 통해 자식이 입금시켜준 돈으로 비틀거리며 일류 호텔 레스토랑에 가서 할머니 혼자 사먹는 비프스테이크보다는 퇴근길에 사온 갈치 한 마리 구워 놓고 된장국에 자식·손자들

이랑 빙 둘러앉아 먹는 오붓한 저녁이 더 맛있고 행복한 정경
이 아니겠는가?

　욕심을 줄이면 내 마음이 편해지고, 자식 마음도 편해질 것
이다. 공부 같은 건 좀 떨어져도 좋다. 그 대신 사람다운 사람
이 되어 준다면, 눈물도 알고 한숨도 알고 어려움도 알고 배고
픔도 알고 외로움도 알고 아픔도 안다면, 그것이 바로 행복의
밑거름이다. 대학졸업장, 그것은 결코 행복의 자격증이 아니다.
자식의 공부 욕심, 나도 버리고 너도 버리자.

떡 하나 더 먹으려고

　이 세상에 살고 있는 대부분의 사람들은 어리석게 살고 있
다. 그래서 부처님께서는 이 어리석은 중생들을 깨우쳐 바르고
밝고 당당하게 살도록 하기 위해서 45년 동안이나 가르침을 베
풀면서 맨땅에서 주무시고 식은밥을 얻어 드셨으며 동가식 서
가숙(東家食 西家宿)을 마다하지 않으셨다.

　부처님이 45년 동안 베푸신 그 가르침이 바로 오늘날까지 전
해져 내려오는 8만 4천 법문인데, 어느 법문 한 구절 우리의
삶을 밝혀주지 않는 것이 없다. 그 가운데서도 누구나 듣고 읽
으면 금방 깨닫게 되는 부처님의 이야기 모음이 있는데 그것이
바로 《백유경(百喩經)》이다.

　이 《백유경》에는 수많은 어리석은 사람들의 이야기가 펼쳐
지는데, 우리는 저 어리석은 사람들의 어리석은 이야기를 읽고
어리석은 사람들의 어리석은 행동과 어리석은 생각을 한참 비
웃다가 문득 그 어리석은 이야기의 주인공이 바로 오늘을 살고

있는 나 자신이 아닌가 되돌아보게 된다.

그래서 《백유경》을 읽고 있노라면 문득문득 내 자신의 생각과 몸가짐과 행동을 바로잡게 되는데, 바로 여기에 부처님 가르침의 오묘한 공덕이 있다. 부처님이 들려주신 이야기 가운데 다음과 같은 어리석은 사람들의 이야기가 있다.

 옛날에 고집이 센 어느 부부가 살고 있었다. 하루는 그들 부부는 떡 한 개씩을 나누어 먹고 나머지 한 개를 서로 먹겠다고 말다툼을 벌였다. 그러다가 그들 부부는 한 가지 약정을 맺었다. 남편이나 아내 어느 쪽이든 먼저 말을 하지 않는 쪽이 떡을 먹기로 정한 것이다.

이 약정을 맺고 나자 떡 한 개를 서로 차지하기 위해 부부는 하루종일 말 한 마디도 하지 않았다. 누구든 먼저 입을 여는 날에는 그 떡을 먹을 수 없었기 때문이다. 해가 지고 밤이 되도록 부부는 서로 말을 하지 않았다.

밤이 되자 그 집에 도둑이 들었다. 두 눈을 멀건히 뜬 채 부부는 분명히 깨어 있었지만 누구도 '도둑이야!' 하고 소리를 지르지 않았다. 별 이상한 사람들도 다 있다, 하고 도둑은 물건을 챙겨 보따리에 쌌다. 그래도 부부는 서로의 얼굴만 쳐다볼 뿐 누구도 소리를 지르지 않았다.

도둑은 물건을 챙긴 뒤에 그래도 부부가 바보처럼 앉아만 있자 더욱 용기가 나서 부인을 범하려 덤벼들었다. 그래도 남편은 입을 봉한 채 한 마디도 말을 하지 않았다.

견디다 못한 아내가 "도둑이야!" 소리를 지르며 발버둥쳤다.

도둑은 소스라치게 놀라 달아났고, 아내는 남편에게 대들었다.

"이 미련한 사내야, 그래 하찮은 떡 한 개 더 먹으려고 제 계집을 범하려는 도둑을 보고도 가만 있단 말이냐?"

그러자 남편은

"이제 떡은 내 것이야."

하면서 손을 내밀었다.

석가모니 부처님은 우리들에게 무엇을 가르쳐주시려고 이 어리석은 부부의 이야기를 들려주신 것일까?

떡 한 개.

정말 하찮은 이 떡 한 개는 오늘의 우리에게 과연 무엇일까? 부처님이 비유한 떡 한 개는 오늘을 사는 우리들에게 여러 가지로 대치될 수 있다.

바로 그 떡은 오늘의 우리들에게는 돈일 수도 있다. 하찮은 돈 몇 푼 먹으려고 대통령 자리에 앉은 자가 뇌물을 받아 먹고, 공직자가 '아내'보다도 더 귀중한 자기의 양심을 버리기도 하고, 그 하찮은 돈 몇 푼 먹으려고 회사원이 양심을 버리기도 하고, 그 치사한 돈 몇 푼 먹으려고 가장 소중한 '사람다움'을 버리고 도둑이 되고 강도가 된다.

석가모니 부처님이 비유한 떡은 오늘의 우리들에게는 출세일 수도 있다. 그 하찮은 출세를 위해서 도둑이 들어와도 "도둑이야!" 소리를 지르지 못하고, 강도가 들어와도 소리를 지르지 못하고, 남이 '강도야!' 소리지르다가 강도의 칼에 찔려 죽으면 그때는 '옳다구나, 네가 차지하고 있던 몫은 이제 다 내 것이다'고 좋아하는 얼간이들.

부처님이 비유한 그 하찮은 떡과도 같은 직위를 차지하기 위해서 상사의 부정을 보고도 못 본 척 입을 봉하고, 불의를 보고도 못 본 척 고개를 돌리고, 불한당을 보고도 못 본 척 고개를 숙이고, 망나니가 칼춤을 추어도 못 본 척 말 한 마디 못하고, 검은 것을 희다고 해도 고개만 끄덕이고, 흰 것을 검다고 우겨도 두 눈만 껌벅이는 얼빠진 사람들.

하찮은 떡 한 개를 내 입안에 넣기 위하여 내 친구가 억울하게 직장에서 쫓겨나도 꿀먹은 벙어리요, 불량배들에게 몽둥이질을 당해도 앞 못 보는 장님 시늉이요, 이웃 사촌이 강도들의 흉기에 찔려 죽었다고 해도 귀머거리 시늉에 바쁜 얼간이들.

부처님이 비유하신 그 하찮은 떡은 돈으로, 직위로, 감투로, 출세로, 안일이라는 이름으로 변해서 오늘도 어리석은 부부를 대량생산해 내고 있다. 그리고 그 하찮은 떡 한 개를 자기 입안에 넣겠다는 어리석음 때문에 입을 봉하고, 두 눈을 질끈 감고, 귓구멍을 틀어막고 사는 사람들이 이 세상 곳곳에 수없이 많다.

아니다. 입을 봉하고, 두 눈을 질끈 감고, 귓구멍을 틀어막고 사는 불쌍한 사람들만 있다면, 그건 그래도 괜찮은 세상이리라. 그보다도 한술 더 떠서 제대로 터진 주둥이로 나팔을 거꾸로 불고, 흰 것을 검다고 우기고, 검은 것을 희다고 우겨대는 저 수많은 '언론'이라는 이름의 입 아닌 주둥이들.

그 여타의 얼간이들은 일일이 열거할 필요조차 없을 것이다. 부처님 시절의 어리석은 부부는 입을 봉하고나 있었다. 그러나 오늘날의 얼간이들은 입을 봉하고 가만히 있는 게 아니라, 더더욱 헛소리를 나팔 불며 설치고 나선다. "때리는 시어미보다 말리는 시누이가 더 밉다"던 옛날 속담처럼 설치는 족속들이 더더욱 가증스럽다.

하찮은 한 개의 떡. 도대체 그 떡을 천년 만년 오래오래 먹을 수 있다고 착각하고 있는가?

부처님이 들려주신 어리석은 부부의 이야기에 귀를 기울이라.

'수고하십니다'의 철학

우리나라 사람들이 주고받는 인사말은 대충 몇 가지로 정해져 있다.

"안녕하십니까?"

"진지 잡수셨습니까?"

남의 집을 방문했을 때, 길을 오가다 아는 사람을 만났을 때 나누는 인사말은 대개 이 두 가지요, 어쩌다가 쓰는 인사말로는 "어디 가십니까?"라고 할 수 있다.

서양사람들이 쓰는 인사말은 "좋은 아침입니다." "좋은 날이군요." "좋은 저녁이 되기를"로 정해져 있다. 가까운 이웃 나라인 일본도 서양의 인사말이나 별 차이가 없다.

그런데 유독 우리나라 사람들만 쓰는 인사말 가운데 독특한 것이 몇 가지 있다.

"수고하십니다."

"수고하십시오."

"고생하십니다."

"고생들 하십시오."

일터를 방문하거나 지나가면서 우리는 늘 이런 인사말을 하면서 살아오고 있다. "수고하십니다." "고생하십니다." 바로 이두 가지 인사말에는 불교가 우리에게 가르쳐주고 심어준 깊은 생활철학이 담겨 있다.

"수고하십니다", "수고가 많으십니다" 할 때 '수고'란 과연 무슨 뜻일까? '수고'란 바로 받아들일 수(受)에 괴로울 고(苦), '괴로움을 받아들인다'는 뜻이다. '고생'이란 말도 다른 뜻이 아니라 '산다는 것의 괴로움', '괴로운 삶'의 뜻이니 산다는 것은 곧 괴로움이요, 괴롭다는 것은 살아 있다는 것을 가리킨 것이다.

아버님·어머님이 회갑이나 칠순을 맞았을 때, 자식들이 한결같이 드리는 인사말은 "그동안 저희들을 키우시느라고 얼마나 고생이 많으셨습니까?"로 시작되고, 정년퇴직하는 은사님을 모신 자리에서는 제자들이 "그동안 저희들을 가르치시느라 얼마나 수고가 많으셨습니까?"로 으레 시작된다.

정말이지 부모가 자식을 낳아서 키우고 가르치고 혼사를 치루어 준 뒤, 회갑·칠순을 맞게 되기까지 얼마나 많은 괴로움을 겪어야 했고, 얼마나 많은 한숨을 쉬어야 했고, 얼마나 많은 눈물을 흘려야 했는지, 어찌 자식들이 일일이 다 헤아릴 수 있을 것인가?

그래서 부처님은 일찍이 이 땅의 중생들에게 자상하게 일러주셨다. 태어나는 것도 괴로움이요, 늙는 것도 괴로움이요, 병드는 것도 괴로움이요, 죽는 것도 괴로움이다. 가지고 싶은 것을 갖지 못하는 것도 괴로움이요, 사랑하는 사람과 헤어지는 것도 괴로움이요, 미워하는 사람과 만나는 것도 괴로움이요, 색(色)·수(受)·상(想)·행(行)·식(識)이라는 다섯 가지 작용[五蘊]이 일어나는 것도 괴로움이다. 그래서 '인생은 곧 괴로움에 산다'고 속시원하게 가르쳐주었다.

'산다는 것은 곧 괴로움의 연속이다.' 이 간단한 진리를 확실히 알고 나면 세상살기가 얼마나 편해지는지 모른다.

예를 들어보자. 내가 고등학교에 다닐 때 있었던 일인데, 그때 나는 영어회화를 배우기 위해 틈만 나면 지나가는 미국사람을 붙잡고 말을 걸어서 길을 안내해주기도 하고 물건 사는 걸도와주기도 했다. 그런데 하루는 미국인이 중국식당에 가서 밥을 먹자는 것이었다. 당시 내가 아는 중국요리는 자장면·우동·볶음밥뿐이었으므로 볶음밥을 시키고, 볶음밥에 고춧가루를 듬뿍 섞어서 밥을 비볐다. 그 미국인도 내가 하는 대로 고춧가루를 듬뿍 섞어서 밥을 비벼 한 숟갈 떠 먹더니 "앗, 뜨거!" 하면서 펄쩍펄쩍 뛰는 것이었다.

고춧가루는 매운 것이라는 사실을 이미 알고 있었고, 늘 먹어 왔던 나는 고춧가루를 뿌려 먹는 게 오히려 개운하고 맛이 있는데, 한국의 고춧가루가 그토록 매운 줄 모르고 있었던 그 미국인에게는 고춧가루가 독약이나 마찬가지였던 것이다. 고춧가루가 맵다는 것을 알고 있는 사람에게 고춧가루는 괴로움을 주지는 않는다. 고춧가루가 맵다는 것을 알고 있는 사람은 고춧가루를 적당히 먹지, 설탕 퍼먹듯 무작정 퍼넣지는 않는 법이다.

소금도 마찬가지다. 소금이 짜다는 것을 알고 있는 사람은 소금 때문에 괴로움을 당하지는 않는다. 소금은 원래 짠 것이므로 필요한 만큼만 먹으면 괴로움이 아니라 즐거움을 준다.

어디 그뿐인가. 펄펄 끓는 매운탕을 후룩후룩 마시면서 우리는 뭐라고 하는가? "앗, 뜨거!" 하고 펄쩍펄쩍 뛰기는커녕 "어- 시원하다"고 오히려 즐기고 있다.

고춧가루가 매운 줄 알면 그 고춧가루로 즐거움을 얻을 수 있고, 매운탕이 뜨겁고 얼큰한 줄을 알면 그 매운탕으로 맛과 즐거움을 동시에 얻을 수 있다.

화끈화끈한 한증막이나 사우나탕에 들어갈 적에는 한증막이나 사우나탕이 뜨거운 줄 이미 알고 들어가기 때문에 그 숨막히는 열기 속에서도 고통을 느끼는 게 아니라 시원함을 느끼는 것이다. 펄펄 끓는 매운탕을 후룩후룩 마시면서 "어- 시원하다"고 활짝 웃는 한국사람을 미국사람들은 '미친 사람'으로 여길 것이다. 절절 끓는 열탕에 몸을 담그고 발을 뻗으면서 "어- 시원하다"고 하는 한국사람을 미국사람들은 미쳤다고 여길 것이다.

매운 것은 매운 것으로 알고, 뜨거운 것은 뜨거운 것으로 알고, 괴로운 것은 괴로운 것으로 알면 거기서 바로 즐거움을 얻을 수 있다는 '이치'와 '진리'를 모르는 미국사람이 감히 어찌 우리의 즐거움을 알고 시원함을 상상할 수 있을 것인가?

'산다는 것은 곧 괴로움'이라는 진리를 늘 생각하고 깨닫게 하기 위해서 우리의 조상들은 인사말에서조차 '고생하신다'고 말해 왔고, '산다는 것은 곧 괴로움을 받아들이는 것'이라는 것

을 늘 생각하고 긍정하기 위해서 '수고하신다' '수고하십시오'
말하면서 살아왔다.

다시 말하면 괴로움 그 자체가 곧 삶을 의미하며, 괴로움을
거부하는 것은 곧 죽음을 의미하기 때문에, 살아 있기 위해서
는 고통을 받아들이고 괴로움을 견뎌내야 한다고 믿었기 때문
에 '수고하신다'는 철학적인 인사말이 생활화될 수 있었다.

'수고하십니다' '고생하십니다'라는 인사말은 인생은 고해라는
가르침이요, '수고하십시오' '고생하십시오'라는 인사말은 괴로
움을 받아들이고 참고 견디어내라는 격려의 말씀이니, 부처님
의 심오한 가르침이 우리들의 인사말에까지 살아 숨쉬고 있는
셈이다.

그러니 우리 함께 '수고합시다'의 깊은 뜻을 헤아려 즐거운
하루하루를 엮어가 보자.

눈으로 보는 아름다운 환생

　불교는 우리에게 늘 무상(無常)을 가르치며 강조하고 있다.
그런데 이 '무상'이라는 말을 잘못 알아듣고 '허망'이나 '허무하
다'는 뜻으로 그릇되게 이해하는 사람들이 많은 것 같다.

　그러나 불교에서 얘기하는 '무상'은 글자 그대로 '항상 그대
로 있는 것은 없다'는 뜻이다. 이 세상에 있는 모든 것은 잠시
도 그대로 있지 않고 계속해서 변하고 있다는 말이 바로 무상
이다. 얼핏 보기에는 책상도 걸상도 그대로 있는 것 같지만 사
실은 시시각각 변하고 있으며 점점 닳아지고 부서져 가고 있다
는 말이다. 시시각각 변하고 부서져 가는 게 어디 책상·걸상
뿐이랴. 내가 나의 가장 소중한 것이라고 믿고 있는 내 육신조
차도 내가 이 세상에 태어난 이래 잠시도 쉬지 않고 변하고 변
해서 이 순간의 내 육신이 되었고, 바로 지금 이 순간에도 또
끊임없는 변화를 계속하고 있다.

　아무리 튼튼하게 철근을 넣고 콘크리트로 단단하게 지은 새

빌딩도 시시각각 변하고 변해서 헌집이 되고, 언제인가는 허물
어지고 사라지고 만다.

아무리 정성 들여 지어 놓은 밥도 시시각각 변하고 변해서
사흘만 지나면 쉰 냄새가 나고, 아무리 맛있게 담궈 놓은 배추
김치도 일주일만 지나면 맛이 변해서 시어빠지게 된다. 이 세
상에 있는 모든 것이 지금 이 순간에 있는 그 모양 그대로 있
어주지 않고 변한다는 진리, 바로 그것이 불교가 우리에게 가
르쳐주는 '무상'의 진리이다.

이 세상에 존재하는 모든 것은 이루어지고, 머물고, 부서지
고, 없어진다는 진리를 우리에게 일깨워주는 가르침이 바로 불
교의 '제행무상(諸行無常)'이라는 한 마디 속에 담겨 있다.

그렇다. 모든 것은 변한다. 그래서 포동포동했던 갓난아기가
어느새 재롱둥이 소년기를 거쳐 말썽꾸러기 중학생이 되었다가
어느새 또 청년기를 거치고 장년기를 지나 인생의 황혼을 바라
보게 된다. 그리고 쉬임없이 또 변하고 변해서 이 세상을 떠나
게 되고, 이 세상을 떠난 뒤에도 변함은 끝없이 계속될 것이다.

새 책상이 헌 책상이 되고, 새 구두가 헌 구두가 되는 무상
을 뻔히 겪고 보면서도, 갓난아기가 결국은 할머니가 되고 할
아버지가 되는 무상을 뻔히 알면서도, 그래도 우리는 무상의
진리를 완전히 깨우치지 못하고 항상 그대로 있을 것이라는 엄
청난 착각 속에서 발버둥치고 욕심내고 속을 끓이며 산다.

무상은 변한다는 뜻이요, 변한다는 것은 형체와 빛깔을 바꾼
다는 뜻이다. 단 하루도 우리가 마시지 않고는 살 수 없는 물
을 놓고 제대로 생각해보면 '무상의 진리'가 얼마나 오묘하고

어김없는 것인지 쉽게 알 수 있다.

수많은 과학자들이 이미 확실하게 밝혀 놓은 바와 같이 사람의 육신은 73퍼센트가 물로 되어 있다. 내 육신 속에 들어 있는 이 물은 때로는 내 숨결에 섞여 밖으로 발산되고, 때로는 배설물로 밖으로 나오고, 때로는 땀이 되어 밖으로 나오고, 또 때로는 눈물로 콧물로 되어 밖으로 나온다.

그럼 내 육신 밖으로 나간 그 물은 대체 어디로 없어지는 가? 아니다. 없어지는 게 아니라 그 모습을 바꾸어 이 세상에, 혹은 이 우주 속에 그대로 있다. 때로는 수증기가 되어 구름이 되고, 때로는 찬기운을 만나 서리로 변하고, 때로는 땅속으로 찾아들어 스며 있다가 장미가 빨아들이면 장미꽃이 되고 장미꽃 나무의 잎이 되기도 하고, 그 장미꽃이 시들면 또다시 증발하여 수증기가 되고 안개가 되고 구름이 되었다가 다시 비라는 이름으로 지구 위에 떨어진다. 바다에 떨어지면 바닷물이 되고 강 위에 떨어지면 강물이 되고 지붕 위에 떨어지면 낙수가 된다. 그리고 그 물은 때로는 물고기가 마시면 물고기의 육신이 되었다가, 다람쥐가 마시면 다람쥐의 육신이었다가, 사람이 마시면 사람의 육신이 되었다가, 배추가 빨아들이면 배춧잎이 되었다가, 그 배추를 토끼가 뜯어먹으면 토끼의 육신이 되었다가, 다시 증발하여 수증기가 되었다가, 구름이 되었다가, 바람을 만나면 바람에 실려 때로는 멀고 먼 아프리카 대륙에 떨어지기도 하고, 때로는 미국 땅에 떨어지기도 하고, 때로는 이 땅에 다시 떨어지기도 하고, 때로는 아름다운 아가씨의 얼굴이 되기도 하고, 또 때로는 남편 잃은 아낙네의 눈물이 되기도 한다.

이렇듯 한방울의 물은 잠시도 그대로 있지 않고 그 모습을 계속해서 바꾸어가며 이 세상과 우주 속을 돌고 돈다.

한 컵의 물을 내가 마셨다고 해서 그 물이 사라진 것은 아니다. 콘크리트 바닥에 끼얹은 물이 증발했다고 해서 그 물이 완전히 없어진 것이 아니다. 물은 모습을 바꾸었을 뿐 영원히 사라지지 않는다. 물은 계속해서 우리에게 무상의 진리와 윤회의 진리를 확실하게 보여주고 있다. 무상의 진리와 만물이 돌고 도는 윤회의 진리를 우리에게 보여주는 것이 어디 물뿐이랴.

낙엽이 지고 겨울이 다가오면 과수원에서는 나무 밑을 파고 잘 썩힌 닭똥을 거름으로 묻어 준다. 냄새 나고 더럽고 지저분한 거름, 그런데 그 거름을 빨아들인 나무에서는 다음해 봄에 아름다운 꽃이 피어나고 어김없이 탐스럽고 맛있는 과일이 열린다. 거름이 그 모습을 바꾸어 꽃이 되고 과일이 된다.

이 오묘한 무상의 진리, 이 어김없는 윤회의 진리를 이 세상 어느 누가 부정할 수 있단 말인가? 이 세상 모든 만물은 짧게도 변하고 길게도 변하면서 거듭거듭 모습을 바꾸어가며 계속 살아 움직이며 변화를 계속한다.

물을 보면 우리는 알 수 있다. 거름을 묻고 그 거름으로 해서 맛있게 열리는 과일을 보면 우리는 알 수 있다. 이 세상만물은 끊임없는 변화와 윤회를 통해 그 모습을 바꾸어 가며 거듭거듭 환생한다는 것을 우리는 알 수 있다.

지금은 비록 냄새 나고 더러운 한 줌의 거름이지만 이 더러운 거름이 아름답고 향기로운 꽃으로 환생하고, 탐스럽고 맛있는 과일로 환생한다는 것을 우리는 직접 확인할 수 있다. 냄새

나고 더러운 거름이 나쁜 인연을 만나 길바닥에 뿌려지면 악취를 풍기지만 좋은 인연을 만나 나무 밑에 묻히면 아름다운 꽃, 탐스런 과일로 화려한 환생을 한다.

비록 오늘 가진 게 없어서 하루하루 살기가 고달프더라도 땅이 더 꽁꽁 얼어붙기 전에 화분에, 나무 밑에 거름을 묻어주는 좋은 인연을 심어 다음 해 봄 아름다운 꽃으로 피어날 화려한 환생을 기다리며 살자.

싸우면 남는 것은 비극과 후회뿐

세상은 단 하루도 조용하고 평안한 날이 없다. 정말이지 사람이 살고 있는 이 세상은 단 하루도 싸움이 멎는 날이 없다.

같은 회교국가이면서도 파가 다르고 탐내는 게 다르다 하여 철천지원수의 사이가 되어 끝없는 전쟁을 일삼고 있는 이란과 이라크. 주의 주장이 다르고 서로 욕심내는 게 다르다 하여 백주에 암살을 자행하고도 모자라서 백주의 살인이 계속되고 있는 저 한심한 나라 필리핀. 한 조상의 핏줄을 타고 났고 한 조상의 얼과 혼을 이어 받았으면서도 사상과 이념이 다르다 하여 원수처럼 으르렁대고 있는 우리네의 남북대치. 여당과 야당이 오늘도 세계 곳곳에서 싸우고 있고 같은 여당, 같은 야당 안에서도 주류파와 비주류파, 강경파와 온건파가 오늘도 세계 곳곳에서 집안싸움을 계속하고 있다.

기업은 기업대로 죽느냐 사느냐 하는 절대절명의 문제를 안고 피투성이의 치열한 싸움을 세계 곳곳에서 벌이고 있고, 우리네의 시장통에 나가보면 오늘도 전자제품, 조미료가 전력투구로 싸움을 벌이고 있는가 하면, 노점상들 사이에서도 머리채를 서로 잡아당기며 손님 쟁탈전을 벌이고 있고, 이웃과 이웃들이 하찮은 쓰레기, 더러운 하수도를 놓고 부모 죽인 원수처럼 핏대를 올리며 싸우고 있다.

어디 그뿐이랴. 검은 머리 파뿌리 되도록 백년해로 하자고 부부가 된 한 쌍의 남녀가 어느새 서로 원수가 되어 두 눈에 핏발이 선 채 "죽일 놈!" "죽일 년!" 하며 싸우고 있다.

정말이지 우리가 살고 있는 이 세상은 단 하루, 아니 단 한 시간도 조용하고 편안할 여유가 없다. 국가와 국가끼리의 싸움, 종교와 종교끼리의 싸움, 당파와 당파끼리의 싸움, 기업과 기업끼리의 싸움, 동료와 동료끼리의 싸움, 학생과 경찰관의 싸움, 친구와 친구끼리의 싸움, 남편과 아내의 싸움, 이웃과 이웃간의 싸움, 형제와 형제끼리의 싸움, 아이와 아이끼리의 싸움, 시어머니와 며느리의 싸움. 정말이지 우리는 눈만 뜨면 싸움을 보고, 눈만 뜨면 싸우는 소리를 듣고, 눈만 뜨면 싸움에 휘말려 살고 있다.

아, 정말 이 세상은 싸우지 않고는 살 수 없는가? 아, 정말 우리들 사람이라는 것은 싸우지 않고는 살 수 없는가? 국가와 국가간에 일어나는 싸움이든, 기업과 기업간에 일어나는 싸움이든, 개인과 개인간에 일어나는 싸움이든, 싸움에는 반드시 두 가지 원인이 있다. 그것은 두말할 필요도 없이 욕심과 자만심이다. 자기 나라의 이익만을 더 추구하고 자기 나라만 좀더 많이 차지하겠다고 나설 때, 자기 나라만 더 풍요롭고 여유있게

잘살겠다고 우길 때, 자기 나라의 사상과 이념만이 최고라고
주장하고 강요할 때, 전쟁은 일어나고 있다.

남의 기업, 남의 회사야 망하건 말건 우리 회사만 더 많이
벌어야겠고 더 확장을 해야겠고, 우리 회사만 더 잘되어야 한
다는 무한대의 욕심. 그것이 기업간에 치열한 경쟁을 일으키
고 나아가서는 치사한 싸움으로 발전되며 세계곳곳에서 기업
전쟁을 일으켜 경쟁회사를 죽이는 극한적인 투쟁이 일어나고
있다.

남이야 실직을 하건 말건 나만이 잘났고, 나만이 잘되어야겠
다는 극단적인 욕심이 동료를 모함하게 하고, 동료에게 올가미
를 씌우게 하고, 동료를 직장에서 쫓겨나게 하는 무서운 짓을
시키고 있다. 남이야 어찌되든 나만은 우선 잘살아야겠고, 남보
다 먼저 남보다 더 높이 출세를 해야겠다는 이기적인 욕심이
공직생활에서 치사한 싸움을 일으키게 하고, 직장생활은 곧 경
쟁생활이요, 투쟁생활로 만들어가고 있다.

우리네 집안에서 일어나는 가정불화도 따지고 보면 나만의
욕심을 채우고, 나만이 옳다는 아만심(我慢心)과 자만심 때문
에 일어나고 있다. 이 문제의 욕심과 나만이 옳다는 아만심과
자만심, 두 가지만 싹 도려내어 없앨 수 있다면 아마 이 세상
은 오늘보다 훨씬 더 조용하고 평안한 세상이 될 수 있을 것
이다.

남편과 아내가 서로 싸운다. 시어머니와 며느리도 서로 싸운
다. 싸우는 내용을 가만히 들어보면 열이면 열이 너무 뻔하다.
자기는 옳고 자기는 잘하는데 상대방인 남편이 틀렸고, 또 한

쪽은 상대방인 아내가 틀렸다는 주장이다. 시어머니는 시어머니대로 며느리만 나쁘고 잘못한다고 트집이요, 며느리는 며느리대로 자기는 잘하고 자기는 옳은데 시어머니가 사사건건 트집을 잡고, 달달 볶아댄다고 억울해 한다.

회사의 경우에도 마찬가지다. 근로자와 경영자간에 싸움이 일어나는 경우, 근로자들은 목청을 높여 경영자를 규탄한다. 우리들이 피땀 흘려 제품을 생산하는데 월급을 올려주지 않으니 이것은 착취요, 악질적인 경영자라고 핏대를 올린다.

경영자는 경영자대로 내가 주는 월급으로 먹고 사는 주제에 근로자들이 제 욕심만 더 채우려 들고 회사사정은 생각지도 않는다고 한탄한다.

회사는 회사대로 공장시설도 바꿔야 하고, 이자도 세금도 내야 하고, 새로운 판매망도 확보하려면 더 이상 월급을 올려서는 도산하는데도 그건 생각지 않고 무조건 월급만 올려 달라는 건 언어도단이라고 버티고 있다. 그러다가 서로 감정이 악화되면 근로자들은 파업을 하고, 그에 맞서서 경영자는 공장문을 닫아 버린다. 그렇게 되면 결국 손해를 보게 되는 것은 이쪽저쪽 다 마찬가지다.

그래서 석가모니 부처님께서는 일찍이 우리에게 가르쳐주었다. 어리석은 뱀의 머리와 꼬리의 예를 들어 우리에게 싸우지 말고 살라고 가르쳐주었다. 저만 잘나고 저만 잘살겠다고 우기고 싸우면 결국은 다함께 망하고, 다같이 죽게 된다고 가르쳐주었다.

옛날에 뱀 한 마리가 살고 있었다. 어느날 뱀의 꼬리가 머리에게 말했다.

"이제부터는 내가 앞장서서 가야겠다."

그러나 머리는

"언제나 내가 앞장을 섰는데 이제 와서 무슨 소리냐?"

이렇게 말하면서 꼬리의 주장을 묵살해 버린 채 계속 앞장서서 나아갔다.

심사가 뒤틀린 뱀의 꼬리는 숲속을 지나갈 때, 꼬리로 나무를 칭칭 감아 버렸다. 그러자 머리는 앞으로 더 이상 나아갈 수가 없게 되었다. 머리는 하는 수 없이 꼬리에게 질 수밖에 없었다. 그래서 꼬리가 앞장을 서서 나아가게 되었는데, 그러나 불행히도 꼬리에게는 눈이 없었기 때문에 길을 잘못들어 벼랑에서 굴러 이글거리는 불구덩이에 떨어져 뱀은 통채로 타죽고 말았다.

《백유경》에 나오는 석가모니 부처님의 이 가르침은 2,500년이 지난 오늘에도 우리에게 많은 교훈을 안겨주고 있다.

석가모니 부처님은 쿠시나가라의 쌍사라나무 밑에서 열반에 드시기 전 마지막으로 가르쳐주었다.

"만족할 줄 알아야 행복한 사람이요, 욕심이 적어야 행복한 사람"이라고. 그렇다. 남편과 아내가 싸우는 것은 뱀의 머리와 꼬리가 싸우는 것과 같다. 사장과 근로자가 싸우는 것도 뱀의 머리와 꼬리가 싸우는 것과 같다. 이 세상을 크게 보고 이 국가, 이 사회를 크게 하나로 보았을 때, 국가와 국가가 싸우는 것도, 기업과 기업이 싸우는 것도 그것은 따지고 보면 같은 뱀의 머리와 꼬리가 싸우는 것과 같다. 국가와 국가간의 싸움에서 어느 한 쪽이 이겼다고 하더라도 그 싸우는 과정에서 사라진 수많은 목숨, 그것은 무엇으로 보상될 수 있겠는가.

전쟁, 그것에서는 결코 진정한 승리는 있을 수 없다. 전쟁, 거기에는 피차에 손해만 있고 희생만 있을 뿐, 진정한 의미의 승리란 있지 않다. 부부간의 싸움에서 남편이 이기고 아내를 내쫓았다고 하자. 그럼 결국 가정은 파탄되고, 파탄된 가정에서 불행한 자녀들이 있게 마련인데 어찌 그 남편이 이겼다고 볼 수 있는가? 싸움에는 끝내는 이긴 쪽도 진 쪽도 없다. 오직 피해자만 남을 뿐이다.

이 세상 모든 만물은 서로 얽혀서 살아갈 수밖에 없다. 이 세상 모든 사람은 결코 자기 혼자서는 살아갈 수 없다. 머리는 머리대로, 꼬리는 꼬리대로, 그렇게 떨어져서는 살 수가 없다. 머리는 머리노릇을 제대로 하고, 꼬리는 꼬리노릇을 제대로 해 가면서, 서로 존중하고 서로 위하고 서로 아껴줄 때, 우리는 탈 없이 한 세상을 살아갈 수 있다.

농부는 나에게 쌀과 채소를 가꾸어주었고, 광부는 석탄을 캐주었고, 근로자는 생필품을 생산해주었고, 버스기사는 나를 목적지에 데려다주었고, 정치가는 나라를 다스려주었고, 군인은 국방을 맡아주었고, 경찰은 도둑을 막아주었고, 의사는 병을 고쳐주었고—이렇게 생각하면 이 세상 모든 사람들이 나에게 무엇인가 은혜를 베풀어 준 은인들인데, 어찌 그 은인들과 싸울 것인가? 나만 잘살려 하고 나만 편하려고 하고 나

만 옳다는 곳에 싸움이 있고, 싸움이 있는 곳에 비극과 후회
만이 남는다.

비록 내 몸은 고달프더라도, 비록 내 욕심은 덜 채워졌더라
도, "이만하면 옛날보다야 낫지" 하고 만족할 줄 아는 사람, 그
사람이 바로 지혜로운 사람이다.

행복도 불행도 오고 가는 것

어떤 사람은 사람의 한평생이 길다고 말한다. 또 어떤 사람은 사람의 한평생이 짧다고 말한다. 그럼 과연 사람의 한평생은 긴 것일까, 짧은 것일까? 그러나 사람의 한평생은 길지도 않고 짧지도 않다. 그래서 현명한 사람들은 사람의 한평생은 길고도 짧은 것이라고 말한다.

어떤 인생을 사느냐에 따라 그 사람의 한평생은 길기도 하고, 짧기도 하다. 지겨운 하루하루를 살아가는 사람에게 인생 칠십은 너무도 길 것이요, 즐거운 하루하루를 살아가는 사람에게는 인생 칠십이 너무 짧을 것이다.

이 세상을 살아가면서 하기 싫은 일만을 해야 한다고 생각하는 사람에게는 인생 칠십이 지겨울 것이요, 내가 해야 할 일이 많다고 생각하는 사람에게는 인생 칠십이 너무 짧아 안타까울 것이다. 그러면 똑같은 인생 칠십인데 어찌하여 어떤 사람은 신나게 살고, 또 어떤 사람은 지겹게 사는가.

그것은 세상만사가 제 뜻대로 되지 않는다고 앙탈을 부리고 화를 내고 탄식을 하느냐, 세상만사는 원래 내 뜻대로만 되는 게 아니라는 것을 알고 사느냐의 차이에 달려 있다.

어떤 사람은 지금 자기가 가난하고 하루 벌어 하루 먹고 사는 날품팔이 신세임을 한탄한다. 어떤 사람은 고대광실 으리으리한 집에 사는데, 나는 왜 단칸 셋방에 사느냐고 세상을 원망한다. 다른 사람은 끼니걱정, 옷걱정, 자식들 학비걱정을 안 하고 사는데, 나는 왜 맨날 끼니걱정, 옷걱정, 자식들 학비걱정을 해야 하느냐고 한탄을 한다. 그러면서 홧김에 몇 푼 안 되는 품삯으로 소주를 마셔 버리고 술에 취해 집에 돌아와서는 애꿎은 아내와 자식들에게 고래고래 소리를 지르고 화풀이를 한다. 그러나 또 어떤 사람은 똑같은 단칸 셋방살이에 날품팔이를 할망정, 단돈 10원이라도 더 아끼려고 값싼 담배를 피워가며 "한잔 딱……" 하고 싶은 충동을 참아가며 품삯을 고스란히 아내에게 갖다주어 자식들 양말 한 켤레라도 사 신기게 하고, 자식들 연필 한 자루라도 더 사 줄 수 있게 하고, 집에 돌아와서도 자식들 책 한 줄이라도 조용히 읽을 수 있게 일부러 일찍 잠을 청하기도 한다. 그러면 과연 이 두 가지 삶의 모습 가운데서 어떤 집안이 앞으로 잘될 것이며, 어떤 집안에 복이 올 것인가?

사람은 누구나 한평생을 살아가면서 수많은 복(福)을 만나고, 또 많은 화(禍)를 만난다. 태어날 때, 가난한 집에서 무식한 부모의 자식으로 태어났다고 해서 "너는 가난하고 무식한 집안의 자식으로 태어났으니 평생토록 가난하고 무식하게 살아라!" 하고 국가나 사회가 명령하는 것이 아니다. "너는 부잣집 자식으로 태어났으니 평생토록 호의호식하고 잘살아라" 하고 국가나 사회가 보장해주는 것도 아니다.

두말할 필요도 없이 우리는 우리 일생의 행(幸)·불행(不幸)을 스스로 만들고 스스로 선택하게 된다. 뭔가를 어찌어찌 잘못해서 사업에 실패했거나, 지니고 있던 재산을 날렸거나, 누리고 있던 직위를 잃었거나 하여 고생하면서 술이나 마시고 악이나 쓰고, 살림이나 때려부수고 싸움질이나 마냥 해댄다면, 자기가 자초한 불행에 더 큰 불행의 씨앗을 계속해서 심는 것과 다를 것이 없다. 우리는 흔히 행복과 불행은 종이 한 장 차이라고 말한다. 행복과 불행은 동전의 양쪽 얼굴과 같다고도 말한다.

이 두 가지 가운데서 사람들은 누구나 행복만을 원하고 행복만을 갖고자 한다. 그러나 이 세상에 평생토록 불행을 만나지 않은 사람은 아무도 없다. 이 세상 어떤 사람이든지 불행을 수없이 겪었고, 또 행복도 수없이 만나고 산다. 행복과 불행, 그것의 연속이 바로 우리 인생인 셈이다.

그래서 부처님께서는 일찍이 우리에게 이렇게 가르쳐주었다.

 어떤 여인이 남의 집에 들어갔는데 그 여인의 얼굴이 아름답고 값진 옷을 입었으므로 주인이 반갑게 물었다.

"당신은 어디 사는 누구신지요?"

"예. 저는 공덕천(功德天)이라 하옵니다."

"무슨 일을 하시는지요?"

"저는 찾아가는 집마다 그 집에 온갖 보물을 생기게 해주지요."

"아아, 그렇사옵니까? 어서 들어오시지요."

그 집주인은 복을 만들어 준다는 공덕천을 극진히 집 안으로 모셔들였다. 바로 그 후, 이번에는 그 집 앞에 남루한 옷차림의 한 여자가 나타났다. 주인은 지저분한 여자의 옷차림을 보고 기분이 언짢아 퉁명스럽게 물었다.

"당신은 누군데 우리집 문간을 기웃거리는 게요?"

"예. 저는 흑암천(黑暗天)이라 하옵니다."

"무슨 일을 하는데?"

"예. 저는 가는 집마다 그 집 재산을 없애버리는 화(禍)를 심습니다."

"뭐라구? 화를 심어? 당장 나가지 못할까?"

"하지만 당신은 나만 쫓아낼 수는 없습니다. 조금 전에 모셔 들어간 그 공덕천이 바로 내 언니요, 언니와 나는 항상 붙어다녀야 하기 때문에 우리 언니를 붙잡아두려면 나도 함께 붙잡아 둬야 합니다."

이 말을 들은 그 집주인은 하도 어이가 없어서 언니에게 물어보았다.

"문 밖에 거지 차림의 여자가 당신의 동생이라 하는데 사실인가요?"

"그렇습니다. 우리는 언제나 함께 있어야 합니다. 그러니 나를 좋아하려면 내 동생도 좋아해야 합니다."

그래서 주인은 두 여자를 함께 내쫓아 버렸다.

행복과 불행은 늘 붙어다닌다는 점을 부처님은 이 이야기를 통해서 우리에게 다시 한번 일깨워주었다. 사실 따지고 보면 태어날 때부터 죽을 때까지 고생 한번 겪어보지 않고, 단 한번도 불행을 만나지 않은 사람은 아무도 없다. 그리고 지금 불행한 사람에게 지난날을 물어보면 "왕년에 금송아지 안 키운 사람이 없다"는 말처럼 "그땐 정말이지 남부러울 게 없었지요" 하는 게 십중팔구 듣는 대답이다.

한 달이 길면 한 달은 짧고, 밤이 가면 새벽이 오고, 겨울이 가면 봄이 오듯이 불행한 때가 있으면 행복한 시절이 있고, 행복한 시절이 있으면 불행한 때가 있는 것, 이것이 바로 세상살이요, 우리가 겪지 않으면 안 되는 인생이다.

지금 내가 가난하고 불행하다고 해서 낙담하고 한탄하고 술이나 마시면서 울화통을 터뜨리면 그것은 불행한 오늘을 더욱 불행하게 만드는 어리석은 짓이다.

오늘 내가 비록 행복하다고 해서 목을 뒤로 젖히고 거드름을 피우며 불행한 사람들을 깔보고 업신여기고 거만을 떠는 것도 언제 내가 불행해질지 모르는 어리석은 짓이다.

부처님도 말씀하셨듯이 복과 화는 언제나 붙어다닌다.

우리가 흔히 쓰는 위기(危機)라는 말도 따로따로 떼어서 바라보면 위험[危] 다음에는 기회[機]가 있다는 뜻이 담겨 있다. 위험과 기회, 행과 불행, 그것은 늘 붙어다니는 두 개의 얼굴이다. 다만 우리는 사람의 힘으로 할 수 있는 데까지 불행을 막는 데 최선을 다할 수밖에 없는 것이요, 행복의 연장을 위해서 최선의 노력을 기울일 수밖에 없다.

내가 오늘 할 수 있는 일, 내가 해야 할 일을 최선을 다해 성실하게 하다보면 쥐구멍에도 볕들 날이 있고 '쨍 하고 해뜰 날'도 찾아오게 마련이다.

세상은 얼핏 보기에 불공평한 것 같지만, 두고 보면 세상은 순리대로 돌아가게 마련이다. 성실하게 살고 정직하게 살고 열심히 땀 흘리고 살고 오순도순 화합하며 사는 집이 오늘은 비록 가난하고 고달플지라도, 머지않은 날 반드시 그 열매는 되돌아온다. 아니 이미 그런 집은 행복한 집이다.

제 아무리 높은 빌딩을 가진 사람도 잠잘 때는 한 평밖에 차지하지 못하고, 제 아무리 돈이 많은 사람도 한 끼에 밥 열 그릇을 먹지는 못한다. 제 아무리 높은 지위에 올라앉은 사람도 한꺼번에 자동차 열 대를 타지는 못한다.

행복과 불행은 원래 붙어다니는 것. 우리 집 대문 앞에 행복의 여자, 불행의 여자가 얼씬거리더라도 반가워할 것도 두려워할 것도 없다.

행복도 불행도 오고 가는 것. 한번 왔으면 갈 날이 있고, 갔으면 또 올 날이 있을 것이니……

나에게 이로운가, 남에게 이로운가

오늘을 살고 있는 이 세상 모든 사람들은 자나깨나 이해득실을 따지면서 살고 있다. 하다못해 상급학교에 진학을 하면서도 이 학교에 가는 게 나에게 이로운가를 따진다.

가족이 편안히 살아야 할 집을 고르면서도 이해득실을 철저히 따진다. 옛날 같으면 교통이 편리한가, 수돗물은 잘 나오는가, 사려는 집이 남향인가 북향인가 정도를 살피는 게 고작이었는데, 요즘은 사람들이 어찌나 영악스러워졌는지 따지는 게 몇 가지 더 늘었다.

사려는 집 근처의 땅값, 집값이 앞으로 오를 수 있겠는가 없겠는가를 가장 먼저 따지는가 하면, 그 근처에 명문학교로 꼽히는 학교가 있느냐 없느냐를 따진다.

검은 머리가 파뿌리가 되도록 함께 살아야 할 결혼상대자를 고르면서도 어떤 사람이 마음이 곱고 착하게 생겼고 건실한 사람이겠느냐를 따지기에 앞서서, 저 사람과 결혼하게 되면 나에게 당장 어떤 경제적인 이득이 올 수 있는가를 따지고 든다.
그래서 여자가 남자를 선택하면서 가장 먼저 확인하는 것은 그
남자가 어떤 사람이냐를 묻기에 앞서서, 어떤 직장에서 얼마를
버는 사람인가, 재산은 든든한가 등등 첫째가 경제력이다. 남자
가 여자를 선택하면서도 그 여자가 어떤 성품의 여자인가를 따
지기에 앞서서 그 여자 집안의 재산이 얼마나 되는가를 먼저
묻고, 자동차 열쇠, 아파트 열쇠, 농장 열쇠만 가져온다고 하면
10년 사귄 옛 애인도 헌신짝 버리듯 차버리고 달려간다.

친구를 사귀면서도, 직장을 선택하면서도, 경제적 이해득실이
최우선이요, 경제적 이해득실을 따져서 자기에게 손해가 된다
면 친구도 없고 의리도 없고 인정도 없다.

어떤 일을 처리하면서도 이 일을 함으로 해서 과연 나에게
이익이 얼마만큼 돌아오느냐만 따져서, 나에게 돌아올 이익이
별 것 아니라는 판단이 내려지면 자기가 해야 할 일도 외면해
버린다.

회사에 근무하는 사람들이나, 공직에 근무하는 사람들이나,
'나에게 돌아올 이익'만을 챙기고, 자기에게 돌아올 이익이 없
으면 깔아뭉개고 외면하고 묵살하는 풍조가 만연된 세상.

그러다보니 세상만사는 나의 이익이냐 손해냐 그것만 따져서
돌고 돌아간다. 남이야 건강을 망치건 수명을 단축하건 아랑곳
하지 않고 부정식품을 만들어 팔고, 남이야 헐벗고 굶주리건
말건 내 이익만 챙기자고 회사돈을 챙겨 먹고, 이 나라 이 사회
야 병들건 말건 내 이익만 챙기자고 공직자가 부정을 저지른다.

당하는 사람은 억울하건 말건, 내 점수 따는 데 이롭고 내가

승진하는 데 이로우니까 사람을 잡아다가 닦달을 하고 심한 경우에는 꽃다운 젊은이를 비명에 가게 한다.

모두가 이익만을 좇아서 달려가고, 모두가 이익만을 향해 날뛰고 있다. 남의 이익과 남의 자유와 남의 편안함을 위해서가 아니라 나의 이익과 나의 안락과 나의 욕심을 채우기 위해서 남의 입을 틀어막고, 남의 몸을 묶어두고, 남의 자유를 억압하는 사람들.

나의 이익, 나의 부귀, 나의 영화, 나의 행복만을 위해서 수많은 사람들이 가지고자 하는 것을 힘으로 **빼앗으며**, 수많은 다른 사람들이 소망하는 것들을 무자비한 구둣발로 짓밟아버리는 사람들.

다른 사람이야 실망에 잠기건 말건, 다른 많은 사람들이야 통분의 눈물을 삼키건 말건, 자기의 이익을 위해서는 주의주장도 아침저녁으로 바꾸고, 철석 같은 약속도 맹세도 휴지통에 내던지고, 검은 것을 희다고 말하고, 흰 것을 검다고 말하는 사람들.

이 세상 모든 사람들이 이익만을 좇아서 미친 듯 달리기만 하면, 그 미친 듯 달려가는 외길의 끝에는 과연 무엇이 기다리고 있을까?

이 세상 모든 사람들이 피도 눈물도 인정도 의리도 윤리도덕도 다 내버리고 이익만을 향해 달려가는 저 외길의 끝에는 과연 무엇이 우리를 기다리고 있을까?

공부도 사랑도 취직도 나라일도 회사일도 정치도 문화도 경제도 종교도, 오로지 다 자기 이익만을 챙기려고 덤비는 세상의 끝은 과연 어떤 꼴로 우리 앞에 펼쳐지게 될까?

이 세상에 살고 있는 모든 식물·동물·미생물, 다시 말해 이 세상 모든 생명 있는 것들은 어느 것 하나도 '먹이사슬'에서 벗어날 수는 없다. 토끼가 풀을 뜯어먹고 자라면 그 토끼는 늑대나 호랑이 같은 힘센 동물에 잡혀 먹히고, 그 호랑이가 결국은 죽어 벌레나 미생물의 밥이 되고, 풀이나 나무의 밥이 된다. 그 풀은 또 토끼나 사슴의 먹이가 되고……

이와 같이 이 세상 모든 생물은 하염없는 '먹이사슬'의 굴레에서 벗어날 수 없다. 물론 사람도 그 사슬에서 벗어날 수 없다. 그러나 토끼가 토끼를 억압하고, 토끼가 토끼의 것을 빼앗고 가두고 죽이는 짓은 하지 않는다. 사슴도 호랑이도 저희들 같은 종류끼리 죽이는 일은 하지 않는다.

그런데, 아아 그런데, 만물의 영장이라는 이 인간들은 같은 사람끼리 억압하고 두들기고 치고 박고, 서로 빼앗고 죽이기까지 하고 있다.

어떻게 보면 이 지구상에서 가장 악랄하고 가장 잔인한 게 바로 인간들이 아닌가 싶을 정도로 무서운 게 사람들이다. 만일 이 사람들 사이에 인정과 의리와 피와 눈물이 없었더라면, 만일 이 사람들 사이에 윤리와 도덕과 종교와 법이 없었더라면, 아마도 이 인간사회의 역사는 이미 옛날에 비참한 종지부를 찍었을 것이다. 이 인간사회를 그나마 지탱해주던 인정과 의리와 눈물과 윤리 도덕은 이제 '이익'이라는 괴물 앞에 별로 힘을 못 쓰는 세상이 되어 가고 있다.

부처님께서는 일찍이 오늘 같은 이런 세태를 예견했던 것일까? 사람이 다른 동물 식물과 달리 사람다운 사람으로 사람답게 살기 위해서는 이 세상 모든 사람들이 보시할 줄 알아야 한다고 가르치셨다. 나의 이익을 생각하기 전에 남의 이익을 생각해주고, 내 안락을 구하기에 앞서 남의 안락을 생각해주고, 나의 만족을 구하기 전에 남에게 만족을 주라는 이 '보시[布施]'의 가르침이야말로 사람이 사람다워질 수 있는 마지막 처방전이자 유일한 희망의 길이다.

나에게 이로운가 해로운가를 따지기 전에, 남들에게 이로운가 해로운가를 헤아려 본다면, 감히 어떻게 소매치기를 하고, 도둑질을 하고, 강도질을 하고, 더더욱 어떻게 살인을 할 것인가?

나에게 이로운가 해로운가를 따지기에 앞서서, 남에게, 나 아닌 수많은 다른 사람들에게 이로운가 해로운가를 살필 줄 안다면 감히 어떻게 다른 수많은 사람들의 소망을 짓밟고, 다른 수많은 사람들의 갈 길을 막으며, 다른 수많은 사람들의 자유를 억압하고, 다른 수많은 사람들의 입에서 한숨과 비탄과 통곡이 나올 일을 할 수 있을 것인가.

보시는 돈과 재물만을 나눠주고 베풀라는 것이 아니다. 보시는 물건 하나 만들면서도, 물건 하나 팔면서도, 나의 이익만을 챙기려 하지 말고, 나의 이익을 생각하기 전에 남의 이익을 챙겨주고, 남의 이익을 보호해주고, 남의 안락함과 남의 평안을 살펴주라는 뜻이다.

남을 두들겨 패주고 나서 자기의 속이 후련해지는 사람은 보시하는 사람이 아니다. 남을 구속시키고 나서야 편히 잠들 수 있는 사람은 보시하는 사람이 아니다.

어떻게 하는 것이 나의 이익이 될까를 생각하기 전에, 어떻게 하는 것이 다른 수많은 사람들에게 이익이 될 것인가를 곰곰히 생각하고 실천하는 사람.

어떻게 하면 내 자리가 안락할까를 생각하기 전에 어떻게 하면 수많은 다른 사람들의 자리가 안락할까를 걱정하고 실천하는 사람.

어떻게 하면 내 재산이 더 많아질까를 생각하기 전에, 어떻게 하면 수많은 다른 사람들이 걱정 없이 살게 될까를 생각하고 생각하는 사람.

어떻게 하면 내 비위에 맞지 않는 사람들을 잡아 가둘까를 생각하기 전에, 어떻게 하면 더 많은 수많은 다른 사람들에게 자유와 행복을 나누어 줄 수 있을까를 생각하는 사람.

나보다는 남을 먼저 걱정하고 염려하는 사람.

"어머니가 아무리 배가 고파도 배고픈 자식에게 먹을 것을 먼저 먹이듯이 나의 이익보다는 남의 이익을 먼저 헤아려주는 사람, 자비로운 어머니 같은 사람이 되어라." 바로 이것이 부처님의 당부이다.

자고 나면 크는 욕심

내가 대학에 다니기 위해 서울에 올라온 때가 1959년이었다. 새벽의 서울역에 내렸을 때, 내가 가지고 있었던 것은 요 한 장과 이불 한 장, 베개 하나와 몇 권의 책, 그리고 한 달 치 하숙비와 용돈 몇 푼이었다. 내가 '서울살이'를 시작했을 때, 나의 전재산이라고는 오직 그것들뿐이었다.

일가친척도 없는 낯선 서울땅에서 나는 동서남북도 구별하지 못한 채 가야 할 곳도, 오라는 곳도 없는 처지였다. 별수없이 찾아간 곳이 서대문 지나서 영천의 오른쪽 산비탈 낡은 한옥, 최영철(전 국회부의장, 당시 한국일보 기자) 선배의 하숙방이었다. 한밤중에야 하숙방에 돌아와 잠깐 눈을 붙였다가도 새벽에 배달된 신문을 펼쳐 들고 잘못된 곳은 없는지 꼭꼭 확인을 하고 나서야 다시 깊은 잠에 빠지시던 최선배의 투철한 직업의식은 새벽마다 좁은 방안에 신선하게 퍼지던 그 잉크 냄새와 함께 지금도 잊혀지지 않는다.

그 후 나는 무던히도 많은 집을 전전하면서 잠도 얻혀서 자고 밥도 어지간히 많이 얻어 먹어 가면서 학교에 다녔고, 성북동 골짜기에서 남산 밑 필동까지 전차도 타지 못한 채 걸어다닌 적도 한두 번이 아니었다.

이화동에 콧구멍만한 방 한 칸을 빌려 자취를 하던 시절에는 겨울철에도 연탄불을 지피지 못한 채 냉방에서 긴긴 밤을 오돌오돌 떨며 지새기도 했고, 군고구마 몇 개로 며칠의 끼니를 떼우기도 했고, 굶고 있는 내 꼴을 보다 못한 친구가 자기 도시락을 나에게 갖다주고 점심을 굶어 준 덕택에 도시락 하나로 하루를 견딘 날도 수없이 많았다.

암울한 청춘.

그러나 나는 절망한 적이 한번도 없었다. 그때 나에게는 유일한 즐거움이 한 가지 있었기 때문이었다. 그 즐거움은 책을 읽는 것이었다. 책을 읽고 있노라면 냉방에 앉았어도 추운 줄 몰랐고, 한두 끼를 굶어도 견딜 수 있었다. 어쩌다 주머니에 돈 몇 푼이 생겨도, 그 돈으로 국밥을 사먹는 대신 지나가는 고물상의 리어커에서 헌책을 골라내어 사들고는 그 기쁨에 배고픈 줄도 모르고 차디찬 자취방으로 달려가곤 했었다.

길고 긴 겨울 밤 냉방에서 끼니를 걸러 가면서도 나는 책을 통해서 라스콜리니코프를 만났고, 아리사를 만났고, 제롬을 만났고, 쇼펜하우어를 만났고, 《전쟁과 평화》의 눈보라와 《노인과 바다》의 거대한 고기와 싸웠고, 《부활》의 소냐와 함께 울었고, 안네의 비극에 젖기도 했었다. 그 암울했던 시절, 책은 나에게 어머니였고 따뜻한 스승이었고 포근한 애인이었다.

그로부터 어느덧 30여 년의 세월이 흘러간 지금, 그토록 갖고 싶었던 '내 집'도 가지고 있고, 침이 꿀꺽 넘어가도록 먹고 싶었던 쌀밥도 마음대로 먹을 수 있고, 자식들을 단 한 끼도 굶기지 않을 정도는 되어 있다. 뿐만 아니라 자가용차까지 굴리고 다닌다.

말하자면, '아, 내 방이 한 칸만 있었으면 여한이 없겠다', '먹는 고민만 해결되고 아궁이에 연탄불만 피울 수 있었으면 여한이 없겠다'고 다짐하던 그때 그 시절에 비하면 나의 소원은 이미 수십 배 달성되고도 넘친다. 전차표 한 장 값이 없어서 성북동 골짜기에서 남산까지 걸어다니던 때에 비하면, 찐빵 살 돈이 모자라 군고구마로 허기진 배를 채우던 그때에 비하면, 그야말로 지금의 나는 '재벌'이 되어 있는 거나 다를 것이 없다.

그런데 정말 이상한 것은 지금의 내 마음은 편안하지도 못하고, 행복하지도 못하고, 여유롭지도 못하고, 뜻대로 되는 일이 별로 없는 것 같아서 늘 불안하고 초조해지고 불만스럽다는 점이다.

도대체 내가 왜 이러는 것인가? 잠 안 오는 밤에 불단 앞에 앉아 생각에 잠겨 있자니 부처님이 나직히 타이르신다.

"욕심이 많은 사람은 만족할 줄 모르고, 만족할 줄 모르면 괴롭느니라."

과연 그렇다.

'하루 세 끼 먹는 고민만 해결될 수 있다면……' 했던 당시의 소원은 이미 달성되고도 남았으니 그 당시의 소원대로라면 나는 더 이상 소원이 없어야 하고, 더 이상 바랄 것이 없어야 된다. 그러나 소원이라는 이름의 욕심은 그 자리에 그대로 있어주질 못하고 점점 더 커지고 커져서 늘 가득 채워지지가 않는다.

부처님이 비유한 아귀처럼 배는 남산만한데 입은 바늘귀만 해서, 먹어도 먹어도 배부르지 않는 비참한 상태와 같다.

생활수준의 향상이나 소망의 성취보다는 욕심이 멈출 줄 모르고 자꾸자꾸 커져서 아무리 소망을 성취한다고 하더라도 또 다른 욕심이 앞서서 달려가기 때문에 우리는 늘 행복하지도 못하고 만족하지도 못했다.

단칸 사글셋방에서 여러 식구가 북적대며 살았을 때, 나의 소원은 다달이 사글세를 내기가 어려워서 '전셋방만 얻을 수 있었으면'이었다. 그러나 막상 전세방에서 살 수 있게 되었을 때, 나의 소원은 '나도 언제 내 집을 가져보나'로 변해 있었다.

그러나 나는 결코 그 소박한 소망이 나쁜 것이라고만 생각하지는 않는다. 그런 소박한 소망이 있었기에 더 많은 땀을 흘렸고, 더 열심히 성실히 일할 수 있었다. 그리고 그 소망이 있기에 그것을 성취하려는 노력이 있는 것이요, 그 노력이 있기에 향상과 발전이 있는 것이니까…… 다만 우리가 갖는 소망이 우리의 분수에 맞는 것이냐 과분한 것이냐, 그것을 헤아릴 줄 알아야 한다.

그리고 마음속에서 자라고 있는 욕심을 다스리지 못하고 그대로 방치해 둔 채 욕심이 달려가는 대로 끌려가기만 하면 우리는 평생 단 한 번도 만족해보지 못한 채 괴로움의 늪에서 허덕이다가 결국은 불행한 인생을 마치게 된다.

자고 나면 커지고, 자고 나면 또 커지는 욕심의 항아리에 이 세상 어느 누가 물을 가득 채울 수 있을 것인가? 아무리 발버둥치고, 제 아무리 수단방법을 가리지 않는다 해도 결국은 욕심의 항아리를 가득 채울 수 없다는 진리를 터득한다면, 아무리 뛰고 또 뛰어도 도저히 따먹을 수 없는 포도라는 사실을 터득하고, '저 포도는 신포도야' 하고 돌아선 여우처럼 우리도 욕심을 줄일 수 있어야 한다.

다만 또 한 가지, 우리가 세상을 살아가면서 부딪치게 되는 안타까운 일들이 있다.

남들이 하는 일은 소원대로 척척 잘되어 가는 것 같은데, 왜 내가 하는 일은 술술 풀리지 않고 비비 꼬이고, 왜 내가 하는 일에는 실패가 뒤따르는가?

남들은 돈도 잘들 벌던데, 나는 왜 돈벌기가 이리 힘들고 이리 어려운가? 남들은 보란 듯이 척척 공부도 잘하고 승진도 잘하고 좋은 자리에 쉽게도 앉던데, 나는 왜 공부도 못하고 승진도 안 되고 좋은 자리에도 앉아보질 못하는가? 도대체 내 팔자가 기구해서 그런가? 애당초 복을 타고나지 못해서인가?

이런 탄식을 하면서 한숨을 토해낼라니 부처님은 또 조용하게 말씀하신다.

"농부들이 가을에 추수를 제대로 하기 위해서는 먼저 땅을 잘 골라 갈아 고루고 적당한 때에 씨를 제대로 심고, 적당한 때에 물을 잘 대주고, 적당한 때에 물을 제대로 빼주고, 적당한 때에 잡초를 뽑아주고, 적당한 때에 거름을 주는 일이 있어야 한다."

초등학교 아이들도 다 알 수 있는 이 평범한 한 말씀이야말로 이 세상 모든 사람들이 자기의 삶에 소중하게 받아들여야 할 생활훈이다.

장사를 해서 돈을 벌려면 우선 장사터를 잘 골라 가게를 열고 좋은 물건을 좋은 값으로 사서 적당한 이윤만을 붙여 적당한 때에 제대로 팔아야 한다. 아무리 목이 좋은 가게터라 하더라도 나쁜 물건을 갖다놓고 비싼 값에 팔려고 하면 장사가 제대로 될 리가 없다. 무슨 일이 잘 되지 않았으면 거기에는 반드시 무엇인가 나의 잘못이 있다. 씨를 잘못 뿌렸거나, 제대로 물을 주지 않았거나, 제때에 뿌리지 않았거나, 제때에 물을 주지 않았거나, 제때에 물을 빼지 않았거나, 아무튼 내가 무엇인가를 제대로 하지 않았기 때문에 실패도 있고 안 되는 일도 일어난다.

아무개 때문에 안 되었다, 저 사람 때문에 실패했다고 탓하고 원망만 할 것이 아니라, 내가 무엇을 제대로 하지 않았는가를 곰곰히 생각해보면 거기엔 반드시 내가 잘못했던 점이 있음을 알게 된다.

최근 나는 부처님이 들려주신 농부의 이야기를 읽다가 내가 지금 이렇게 살고 있는 것은 모두가 내 탓이요, 내가 소망한 일이 제대로 이루어지지 않은 것은 모두가 내 잘못 때문이었음을 불현듯 깨닫고는 스스로 그 부끄러움을 감출 길이 없었다.

누구나 다 알 수 있는 쉽고 쉬운 한 마디 말씀, 바로 진리는 거기에 있었다.

잘사는 사람도, 가난한 사람도

　우리는 가끔 친지나 친척으로부터 분에 넘치는 점심초대를 받기도 하고, 저녁초대를 받기도 한다. 또 어떤 경우에는 으리으리한 호텔의 식당이나 산해진미가 그득한 뷔페식당에 초대받기도 한다. 생일잔치·돌잔치에 초대되기도 한다.

　그런데 한 가지 이상한 일이 있다. 말하자면 초대받은 자리가 으리으리하고 호화로울수록, 상 위에 차려진 음식이 값비싸고 호화판일수록, 초대받은 사람은 그렇게 기쁨을 느낄 수가 없고 그렇게 맛있게 느껴지지가 않는다는 점이다. 더더구나 그런 호화판 식사에 초대를 해주었는데도 별로 고맙다는 느낌을 가질 수가 없다. 그것은 왜일까?

　보통 사람의 형편으로는 제돈 내고 그런 으리으리한 호화판 식사 한 끼 사먹을 수 없는 처지이면서도 막상 산해진미가 그득한 식사자리에 가보면 식욕이 동하기는커녕 오히려 입맛이 떨어진다.

그러나 어쩌다 시골 친척집에라도 가게 되면, 고기 한 점 들어 가지 않았는데도 풋고추 숭숭 썰어넣어 끓여내온 된장국이 그렇게 맛있고 살로 가는 것 같을 수가 없다.

으리으리한 저녁자리에는 돈은 엄청나게 들어갔겠지만 마음으로부터 우러나온 정성이 깃들어 있지 않기 때문이요, 초대받은 사람을 위한다기보다는 초대를 하는 주인의 체면과 얼굴과 실력을 과시하려는 교만함이 나타나기 때문이다.

가난한 시골 친척집에서 먹는 된장국이 맛있고, 부리나케 잡아서 삶아내온 씨암탉이 고맙디 고마운 것은, 비록 상에 오른 음식이 초라할지라도 그 음식에 담긴 마음과 정성과 반가움이 넘치도록 나에게 전해지기 때문이다.

그러고 보면 우리가 남을 대접하는 경우, 우리가 남을 도와주는 경우, 우리가 남에게 무엇인가 보시하는 경우, 값나가는 것을 얼마나 많이 주느냐가 중요한 게 아니라는 걸 깨닫게 된다. 돈을 얼마나 주는가, 음식을 얼마나 주는가가 문제가 아니라, 어떤 마음과 어떤 정성으로 그것을 주느냐가 중요하다. 눈에 보이고 손에 잡히는 물질적인 것을 외형적으로만 따진다면 대접하고 도와주고 보시하는 깊은 뜻은 없어진다.

예를 들어 돈으로 따진다고 하면, 시장바닥에서 노점상을 하는 가난한 할머니가 남을 돕기 위해 아낌없이 내놓은 단돈 500원은 어느 재벌기업 회장이 체면 때문에 내놓은 5천만 원보다는 더 크고 값진 돈이다. 바느질 품삯을 팔아 근근이 입에 풀칠하고, 자식들 교육시키기에도 힘겨운 아주머니가 탑 하나 세우는 데 내 정성도 보태달라고 조용히 내놓은 단돈 천 원은 어느 여걸이 온세상을 발칵 뒤집어놓으면서 사기를 쳐서 긁어모은 수백억의 돈 가운데서 1억을 내놓은 것보단 천배 만배 귀하고 값진 돈이다.

그러나 지금 세상은 어떻게 돌아가고 있는가?

얼마 전 전국민을 울분과 분노에 떨게 하고, 한 나라의 경제질서를 뒤흔들어놓고, 착하고 정직한 사람들에게 일할 맛을 잃게 한 여자 사기꾼이라도 몇천만 원 내놓기만 하면 세상에 내로라 하는 사람들까지 자존심도 내버린 채 버선발로 쫓아나와 합장배례하고 주접을 떨었던 적이 있었다.

아무리 마음이 착하고 신심이 깊고 부처님 법대로 옳게 사는 할머니라도 헌금을 적게 내면 아는 척도 하지 않는 엉터리 성직자들이 판을 치고 있고, 남의 고혈을 빨아먹는 고리대금업자도 시주금만 뭉턱뭉턱 내놓으면 보살이 되고 권사가 되고 위대한 사람으로 대접받는다.

도둑질한 돈이건 부정한 돈이건 남의 피눈물을 흘리게 한 돈이건, 돈만 뭉터기로 내놓으면 합장배례를 받고 상석에 모셔지는 이 웃지 못할 주접은 이제 그만 떨어야 한다.

해마다 4월 초파일. 부처님이 이 세상에 오신 날이 다가오면 우리는 또 한바탕 저 치사한 꼴들을 보게 될 것이다.

"나는 50만 원짜리 등을 켜주세요."

"나는 100만 원짜리 등을 켜주세요."

"나는 500만 원짜리 등을 켜주세요."

"나는 5천 원밖에 없는데, 5천 원짜리 등도 켤 수 있을지요?"

그리하여 절마다 돈의 액수에 따라 크기가 달라지고 색이 달라지고 모양이 달라진 형형색색의 연등들이 돈의 위용을 자랑하며 내걸릴 것이다. 그리하여 가난한 사람들은 정성들여 만들어온 2천 원, 3천 원을 차마 부끄러워 내놓지도 못한 채, 그토록 밝히고 싶은 초파일 등 하나 밝히지 못한 채 가난을 한탄하며 산을 내려갈 것이다. 십 리 길, 이십 리 산길을 몇 번씩 쉬어가며 절에 왔다가 몇만 원, 몇십만 원, 몇백만 원 설치는 통에 등 하나 켜겠다는 소리조차 입 밖에 내지도 못하고, 서글픈 마음으로 산을 내려가는 할머니를 상상해보라.

등 하나 켜는 데도 돈의 액수에 따라 크기가 다르고 색이 다르고 모양이 다르다니, 도대체 부처님 가르침 어느 대목에 그런 차별과 구별이 담겨 있는가!

 옛날 부처님이 살아계실 때, 아사세왕이 부처님을 모셔다가 법회를 열고, 왕궁에서 부처님 계신 곳까지 휘황찬란한 등불을 밝혔다. 이 눈부신 등불을 보고 '난다'라는 이름의 여인이 환희심을 일으켜 자기도 부처님을 위해 등불 하나를 밝히려 했다. 그러나 '난다'는 가난한 여인이었기에 등불을 밝힐 기름을 살 돈이 없었다. 그래서 '난다'는 구걸을 해서 겨우 두 푼어치의 기름을 사서 등불을 켰다.

그런데 새벽이 되고 그 휘황하던 등불들도 기름이 다해서 불이 꺼지고 몇 개의 등불만 타고 있었다. 부처님의 제자 아난다가 나가서 남아 있는 등불을 끄기 시작했는데, 한 귀퉁이에 초라하게 자리잡은 한 보잘것없는 등불만은 이상하게도 그 불빛이 유난히 밝았고 아무리 끄려고 해도 꺼지질 않았다.

그래서 아난다는 부처님께 아뢰었다.

"한 보잘것없는 작은 등불이 이상하게도 꺼지질 않습니다."

"그럴 것이다. 아난다여, 그 등불은 너의 신통력으로도 끄지
못할 것이다. 그 등불은 심지와 기름이 타는 게 아니라 그 등
불을 밝힌 그 여인의 정성어린 마음이 밝혀진 등불이니 네가
설령 바닷물을 기울여 끄려고 해도 꺼지지 않을 것이니라."

경전 속에 담겨 있는 이 이야기가 바로 〈빈자(貧者)의 일등
(一燈)〉이라는 유명한 가르침이다.

부처님께서는 아무리 크고 휘황한 등불도 마음과 정성이 담
긴 작은 등불만 못하다고 가르쳐주었다. 손님을 대접할 때나
남을 도와줄 때나, 절에 가서 시주를 내고 등을 켤 때도, 그 사
람이 내놓는 돈의 액수와 물건의 크기가 문제가 아니라, 그 사
람의 정성과 마음이 중요하다는 뜻이다.

잘사는 사람은 등 하나 켜는 데 천만 원을 내놓아도 좋고 1
억을 내놓아도 좋다. 그 돈을 내놓는 그 사람 마음속으로부터
정성이 우러나왔다면 돈의 액수가 많건 적건 그건 좋은 일이
다. 단돈 천 원밖에 내놓을 수 없는 가난한 사람이라면 그 사
람이 내놓은 단돈 천 원은 돈 많은 사람이 내놓는 몇 천만 원
과 조금도 다를 것이 없다. 부처님을 공경하고 마음의 등불을
밝히려는 그 지극한 정성은 천만 원을 내놓은 사람이나 천 원
을 내놓는 사람이나 털끝만큼의 차이가 있을 수 없다.

잘사는 사람은 많은 돈을 내놓고 등불을 켜고, 가난한 사람
은 형편대로 정성을 들여 등불을 밝히자. 그리고 부처님이 가

르쳐주신 대로 평등을 보여주기 위해서라도 돈의 액수에 따라 등의 크기와 색과 모양이 다르게 해서는 말이 안 된다. 시주금은 형편 따라 정성들여 액수가 다르더라도 우리가 밝히는 등불은 모두가 다 같아야 한다.

등불 하나 켜는 데도 부자와 가난뱅이의 차별이 있고, 높은 사람과 낮은 사람의 구별이 있다면, 이건 분명히 부처님의 가르침에 어긋나는 짓이다.

잘사는 사람도 가난한 사람도, 직위가 높은 사람도 낮은 사람도 모두가 평등심으로 돌아가서 마음으로부터 우러나오는 정성을 모아 부처님 오신 날에 등불을 밝히자. 욕심으로 가득 찬 우리들의 마음에, 울화통이 가득 찬 우리들의 마음에, 어리석음이 가득 찬 우리들의 마음에, 탐·진·치 삼독을 몰아내는 마음의 등불, 바로 그 값진 등불을 밝히자.

네 가지 몹쓸 친구

우리는 누구나 아장아장 걸음마를 배우고 난 뒤부터 수많은 친구를 사귀면서 살아간다. 서방·각시놀음 하면서 해지는 줄 모르고 함께 지냈던 소꿉친구에서부터 풀꽃을 함께 따러 다니고, 함께 송사리를 잡으러 다니고, 함께 풀피리를 만들어 불던 동네친구도 있다. 함께 공부도 하고, 함께 공받기도 하고, 함께 고무줄놀이도 하고, 걸핏하면 토라지고 싸우고, 그러다가 또 어느새 친해졌던 어릴 적의 친구들도 있다.

초등학교·중학교·고등학교를 다닐 때까지만 해도 우리들은 친구 사이에 이해타산이 별로 없었다. 정말 친한 친구 사이에는 내것 네것이 따로 없었고, 무엇이든 나눠주어도 아깝지가 않았다. 정말이지 내 마음에 맞는 친구는 부모형제보다도 더 좋았고, 사탕이나 과자보다도 더 좋았다. 마음에 맞는 친구와 함께라면 처음 해보는 가출도 무섭지 않았고, 깊고 깊은 산속도 두렵지가 않았다. 철없이 어울려 뒹굴고, 까르르 웃고, 신나

게 놀다보면 하루는 온통 즐거움이었고 세상은 온통 우리 것이
었다.

그러나 한 살, 두 살 나이를 더 먹고 점점 철이라는 게 들어
가기 시작하면서 친구도 세상도 점점 서먹서먹하게 되었고 어
느 틈엔가 자신도 모르게 이해타산이 끼여들게 되었다. 그래서
나이 서른이 넘고 나서 곰곰이 생각을 해보면 그동안 사귄 그
하고많은 친구들 가운데서 진정 친구라고 할 만한 친구는 그래
도 고등학교 시절 이전에 사귄 친구들이 진짜였구나 하는 생각
을 하게 된다.

대학친구, 군대친구, 직장친구, 모임에서 알게 된 친구도 수
없이 많지만, 고등학교 시절 이후에 사귄 친구는 여간해서 이
해를 초월한 마음의 친구가 되기 어렵다는 게 솔직한 고백일
것이다.

그렇다고 해서 우리는 언제까지나 어렸을 적의 친구들만 만
나고 어울리고 거래하면서 살 수는 없다.

남자는 남자들대로 사업친구도 있고, 친목계 친구도 있고,
조기축구회 친구도 있고, 낚시친구, 등산친구, 그리고 또 단
체의 친구, 모임의 친구가 얼마든지 있다. 여자는 또 여자들
대로 이웃집 친구도 있고, 계모임의 친구도 있고, 취미모임의
친구도 있고, 동창모임의 친구도 있고, 그야말로 수많은 친구
들이 있다.

어떻게 보면 우리들은 어렸을 적부터 이 세상을 떠날 때까지
갖가지 수많은 친구들과 더불어 웃고 울고 싸우면서 살아간다
고 해도 틀린 말이 아니다. 그래서 친구는 재산이라는 말도 있

다. 특히 남자 중심의 사회에서는 그가 어떤 친구들을 가졌느냐에 따라서 그 남자의 일생이 달라지기도 한다. 그러나 이제는 여자도 활동하는 시대고 보면 여자도 주변에 어떤 친구를 가졌느냐에 따라 그 여자의 일생이 달라질 수도 있다.

어차피 이 세상을 살아가자면 사귈 수밖에 없는 친구. 그럼 이 친구라는 걸 아무렇게나 마구 사귀고 인간관계를 깊이 맺어도 괜찮은 것일까?

부처님께서는 일찍이 《아함경》을 통해 네 가지 몹쓸 친구를 조심하라고 일러주셨다.

> 1. 무엇이든지 가져가기를 일삼는 자는
>   사실은 적이면서 친구인 척한다.
> 2. 좋은 말로 번지르르 꾸며대는 자는
>   사실은 적이면서 친구인 척한다.
> 3. 네 비위나 맞추어주고 아첨하는 자는
>   사실은 적이면서 친구인 척한다.
> 4. 방탕하고 놀기만 좋아하는 자는
>   사실은 적이면서 친구인 척한다.

가져가기를 일삼는 자에게는 네 가지 유형이 있다. 무엇이든지 가리지 않고 가져가는 것이고, 조금 주고 많이 얻기를 요구하고, 나를 무서워하여 억지로 친한 척하고, 이해타산을 따져 나와 친하려 하는 것이다.

말만 번지르르하게 꾸며대는 자는 네 가지 유형이 있다. 먼저 무엇이든지 말을 꾸며 나를 속이는 것이고, 먼저는 진실한 척하고 뒤에 속여 넘기고, 그럴 듯한 애교를 부려 얼렁뚱땅 얼러 맞추는 것이고, 어려운 일이 눈앞에 닥치면 피해버리는 것이다.

비위를 맞추고 아첨하는 것에는 네 가지 유형이 있다. 상대방의 나쁜 일에는 동의하고 좋은 일에는 반대하며, 진실한 척하고 뒤에 속여 넘기고, 그럴 듯한 애교를 부려 나의 눈앞에서는 찬미하고 나의 등뒤에서는 비방하고 비웃는다.

방탕하고 놀기를 좋아하는 것에도 네 가지 유형이 있으니, 술자리나 연회석에서는 가장 친한 척하여 친구가 되고, 길거리를 쏘다닐 적에는 친구가 되고, 기생·가무가 있는 유흥장에 갈 적에는 친구가 되고, 도박장에서는 친구가 된다. 이러한 무리들은 겉으로는 친구인 척하지만, 사실은 너의 적인 줄을 알아차려야 한다.

우리가 이 세상을 살아가면서 사실 생각해보면, 좋은 친구만 골라서 사귀기에도 시간이 모자란다. 그런데 나를 나쁜 길로 유혹하고 몹쓸 곳으로 몰아넣는 나쁜 친구를 사귈 필요는 없다. 우리가 사귄 좋은 친구는 평생의 재산이지만, 우리가 자칫 잘못해서 사귄 나쁜 친구는 평생을 망치는 원수와도 같다. 그래서 부처님께서는 사귀어서는 안 될 네 가지 몹쓸 친구를 가려주시고, 그들 네 가지 몹쓸 친구들을 조심하라고 일러주신 것이다.

"친구 사이 좋다는 게 뭔가?"를 내세워서 걸핏하면 무엇이든 가져가려고만 하는 친구는 우리 주변에 흔하고 흔하다. '친구 사이, 좋은 사이'를 강조해가면서 빚보증을 세워놓고는 몽땅 챙겨 달아나서 친구를 길거리에 나앉게 하는 그런 몹쓸 친구도 흔하고 흔하다. '우리는 친구'를 핑계삼아 돈을 빌려가고도, 내가 언제 돈을 빌렸느냐는 듯 꿀꺽 잘라먹고 갚을 줄 모르는 뻔뻔한 친구도 흔하고 흔하다.

친구집에 방문해서 무엇이든 저 욕심나는 게 있으면, 알게 모르게 집어들고 가는 그런 얌체 친구도 흔하고 흔하다.

"자네와 나는 친구 사인데, 내가 설마 자네에게 거짓말을 하겠는가?"를 한자락 깔아놓고, 사탕발림으로 친구를 속여 제 뱃속만 채우는 사기꾼 친구도 우리 주변에는 흔하고 흔하다.

"이러이러한 장사를 하면 앉은 자리에서 세 곱이 남는다"고 순진한 부인을 속여 홀랑 털어먹는 그런 여자 사기꾼 친구도 얼마든지 있다.

이러이러한 계를 들면 그 곗돈으로 높은 이자를 받아주겠다고 그럴 듯한 말로 속여 원금마저 왕창 잘라먹고 배를 내미는 계마담도 우리 주변에 흔하고 흔하다.

달콤한 말, 번지르르한 말을 청산유수로 내뱉는 그런 친구는, 남자건 여자건 우선 경계부터 해놓고 봐야 한다. 남자건 여자건 소곤소곤 귓가에다 대고 속삭이듯 말하는 그런 사람은 열이면 열, 백이면 백이 거의 다 사기꾼이다. 부처님이 두 번째로 지적한 바로 그런 부류에 속하는 족속인 것이다.

두 손을 비벼대며 내 앞에서는 내 비위를 맞추고 내 말에 아첨을 하고, 내가 한 일에 대해서 입에 침이 마르도록 아부하는 그런 친구는 좋은 친구가 아니라 경계해야 할 족속이다.

지나친 찬사나 지나친 아첨, 분에 넘치는 아부 뒤에는 반드시 비굴한 인간성이 도사리고 있다.

내 앞에서는 세상에서 첫째 가는 충복임을 맹세하고, 뒤돌아서면 첫째 가는 반역을 일삼는 경우를 우리는 그동안 수없이 겪고 수없이 보아왔다. 금방 이 집에 와서 비위를 맞추며 저 집 부인의 흉을 보는 여자친구는, 금방 또 저 집에 가서는 이 집 흉을 보는 여자다.

그리고 부처님이 마지막으로 지적한 몹쓸 친구는 우리의 인생을 파탄시킬 가장 나쁜 친구다. 친구를 도박판으로 끌어들이고, 친구를 춤바람에 휩쓸리게 하고, 친구를 유흥장으로 유혹해서 행복한 가정을 망치고, 번창하던 사업을 망하게 하고, 건실하던 한 가정주부와 착실하던 가장을 파멸의 구렁텅이로 몰아넣는 최악의 친구, 바로 그런 족속이 우리 주변에 흔하디 흔하다.

저만 바람나서 이혼당한 게 심통이 나서 잘사는 여고동창생을 어떻게 해서든지 유혹하고 기어이 춤바람이 들게 하고, 끝내는 이혼당하는 꼴을 봐야만 직성이 풀리는 그런 몹쓸 여자친구는 우리 주변에 수없이 널려 있다. 유흥장과 도박장에서 일생을 망친 사람은 열이면 열, 백이면 백이 처음에는 모두 다 몹쓸 친구의 꼬임에 빠진 탓이라는 걸 명심해야 한다.

우리의 인생은 값진 일, 좋은 일을 하기에도 너무도 짧다. 이 짧고 소중한 우리의 일생을 몹쓸 친구와 어울려, 해서는 안 될 짓을 한다는 것은 얼마나 어리석은 일이요 억울한 일인가?

부처님의 가르침대로 우리는 언제나 네 가지 몹쓸 친구는 곁에 두지 말자. 그리고 나도 남에게 네 가지 몹쓸 친구가 되어서는 안 된다.

화를 잘 내는 사람

    누구나 이 세상을 살아가면서 늘 기분 좋고, 늘 마음 흡족하고, 늘 웃을 일만 겪을 수는 없다. 때로는 기분 나쁜 일도 겪고, 때로는 억울한 일도 겪고, 때로는 울음을 터뜨릴 일도 겪는다. 기쁠 때도 있고, 슬플 때도 있고, 분할 때도 있는 것, 그게 바로 우리 인생이요, 세상 살아가는 과정이다.

    아침 이불 속에서 눈을 뜨면서부터 다시 저녁 잠자리에 들기까지, 우리는 매일매일 수많은 사람을 만나고, 수많은 이야기를 듣고, 여러 가지 일을 겪게 되는데, 사실 잠들기 전에 곰곰이 생각해보면 기분 좋았던 사람, 기분 좋았던 일보다는 기분 나빴던 사람, 불쾌했던 일이 훨씬 더 많았던 것을 알게 된다.

    그리고 그것은 이 세상 모든 사람들이 거의 다 똑같이 겪는 현상이지, 나 혼자만 재수없게 당하는 게 아니다.

    어떤 날은 지저분한 택시를 타게 되어 기분을 잡치기도 하고, 또 어떤 날은 만원버스 안에서 발을 밟혀 기분을 상하기도 한다. 또 어떤 날은 자꾸 잘못 걸려오는 엉뚱한 전화 때문에 기분을 잡치기도 하고, 또 어떤 날은 귀찮게 찾아오는 월부 판매원 때문에 기분을 상하기도 한다.

확실히 우리는 하루하루를 살아가면서 기분 좋은 일보다는 기분 나쁜 일을 훨씬 더 많이 만나고, 많이 겪는다. 그런데 이 기분 나쁘고 언짢은 일을 늘 겪으면서도 그저 그러려니 하고 아무렇지도 않게 지내는 사람이 있는가 하면, 조금만 기분이 언짢아도 대뜸 화를 내고 버럭 소리를 지르는 그런 사람도 있다.

사랑하는 아내가 새벽잠을 설쳐가며 정성들여 밥을 지어 주었건만, 그 밥을 먹다가 돌이라도 하나 씹는 날에는 부모 죽인 원수처럼 두 눈을 부릅뜨고 숟가락을 내동댕이치는 그런 남편이 있는가 하면, 미안해서 울상이 되어 있는 아내를 오히려 위로하는 그런 포근한 남편도 있다.

친구끼리 기분 좋자고 어울려 정답게 마주 앉아 한잔 술을 나누다가도 걸핏하면 말꼬리를 잡아 벌컥벌컥 화를 내고 삿대질을 해가면서 싸우는 사람도 있고, 음식점에 들어갔다가 그 집 종업원의 실수로 옷에 물이라도 몇 방울 튕기면 버럭버럭 소리를 지르고 화를 내는 그런 사람도 있다.

또 세상에는 그와는 반대로, 버스 안에서 구둣발로 발을 밟혔어도 만원버스니 그럴 수도 있으려니 너그럽게 이해하고 "괜찮다"고 봐주는 그런 사람도 있다.

또 어떤 사람은 한밤중에 잘못 걸려온 전화를 받고도 "잘못 거셨습니다" 하고 친절하고 정중하게 말해주는가 하면, "야 임

마. 전화 똑똑히 걸어!"라는 욕설과 함께 전화기가 부서져라 하고 끊어버리는 그런 사람도 있다.

똑같은 아버지의 피를 받고, 똑같은 어머니의 뱃속에서 태어난 형제인데도 어떤 사람은 늘 얼굴에 웃음을 띠고 무슨 일이든지 너그럽게 이해하고, 누구에게든지 따뜻하게 대해주는 그런 사람도 있고, 또 어떤 사람은 사사건건 트집이요, 사람마다 시비를 거는 그런 사람도 있다.

그러나 우리는 어떤 유형의 사람이 내 마음에 드는지를 너무도 잘 알고 있다. 걸핏하면 벌컥벌컥 화를 내고, 걸핏하면 무엇을 집어던지고, 걸핏하면 핏대를 올리고 시비를 걸고 싸움을 거는 사람보다는, 언제나 웃는 얼굴, 언제나 포근한 자세로 너그럽고 자애롭게 대해주는 사람이 좋고 또 부럽다.

그래서 부처님께서는 《아함경》을 통해 이 세상에는 세 가지 유형의 사람이 있다고 가르쳐주었다.

세상에는 세 가지 유형의 사람이 있다. 바위에 새긴 글씨와 같은 사람, 모래에 쓴 글씨와 같은 사람, 그리고 물 위에 쓴 글씨와 같은 사람.

바위에 새긴 글씨와 같은 사람은 걸핏하면 성을 내면서 그 성냄이 오래오래 계속되는 사람이다. 마치 바위에 새긴 글씨는 비바람에도 지워지지 않고 오랫동안 남는 것처럼, 성냄이 오랫동안 계속되는 사람이다.

모래에 쓴 글씨와 같은 사람은 자주 성을 내기는 하지만, 그 성냄이 모래에 쓴 글씨와 같아서 오래 가지는 않는 사람이다.

물 위에 쓴 글씨와 같은 사람이란, 물 위에 아무리 글씨를 써도 금방 그 흔적도 없이 흘러가버리는 것처럼, 욕을 먹거나 기분이 언짢아도 조금도 그 흔적이 마음에 남지 않고 늘 온화하고 즐거운 기분으로 지내는 사람이다.

부처님이 가르쳐준 이 세 가지 유형의 사람 가운데서 과연 우리는 어느 유형에 속하는 사람이겠는가?

많은 사람들은 바위에 새긴 글씨와 같은 사람들이다. 걸핏하면 화를 내고, 한번 화를 내면 그 화가 오래오래 계속되는 사람, 이런 사람은 우리 주변에서도 자주 만나고 흔히 겪게 되는데, 이런 사람을 어느 누가 좋아할 리 없다. 하는 일마다 트집을 잡고, 하는 말마다 말꼬리를 잡고, 툭하면 토라지고 툭하면 덤벼드는 이런 사람이 바로 '바위에 새긴 글씨와 같은 사람'이다.

그리고 대다수 우리 보통 사람들은 아마도 부처님이 말씀하신 '모래에 쓴 글씨와 같은 사람'들이다. 조금만 속이 상해도 화를 내고, 조금만 언짢은 일을 당해도 금세 얼굴을 붉히고, 조금만 억울한 일을 당해도 분을 참지 못하는 사람, 그래서 우리들은 모래에 쓴 글씨 같은 그런 사람들인지도 모른다.

그러나 사람이 이러저러한 다른 사람들과 어울려 살아가면서, 바위에 새긴 글씨 같은 그런 사람이어서는 결코 좋을 리가 없다. 사귀던 친구는 그에게서 떠나갈 것이요, 떠나서도 좋은 말을 할 리가 없다. 걸핏하면 화를 내고 트집을 잘 잡는 그런 사람을 어느 회사, 어느 직장이라고 아끼고 좋아할 리가 없다. 그런 사람은 맨 먼저 가족으로부터 외면을 당하고, 친구로부터 멀어질 것이요, 직장으로부터 쫓겨날 것이요, 이웃으로부터 배척받을 것이다.

그리고 모래에 쓴 글씨 같은 사람은 대부분의 보통 사람들이 다 그렇듯이, 그저 '그렇고 그런' 보잘것없는 인생을 그럭저럭 살다가 가게 될 것이다. 속상하면 울고, 기쁘면 웃고, 기분 나쁘면 얼굴 찡그리고, 화 나면 싸우고……. 그렇게 그냥 한세월 살다보면 우리는 어느새 그저 허망한 인생을 그럭저럭 살다가게 될 것이다.

그러나 물 위에 쓴 글씨와 같은 그런 사람은 바로 우리가 존경하는 부처님 같은 분이다. 좋아도 그만 싫어도 그만, 기뻐도 그만 슬퍼도 그만, 있어도 그만 없어도 그만, 늘 그렇게 얼굴 표정이 변하지 않고 한결같은 미소를 띄우고 있는 사람, 그 사람이 바로 부처요, 바로 보살이다.

욕을 먹어도 성내지 않고, 고자질을 들어도 흥분하지 않고, 험담을 들어도 화내지 않는 사람, 그런 사람이 반드시 몇 분은 우리 주변에 있다. 발을 밟혀도 괜찮다고 그러고, 손해를 보아놓고도 괜찮다고 그러고, 상처를 입고도 괜찮다고 그러는 사람, 그런 분이 우리 주변에 반드시 있다.

남에게 돈을 떼이고도 화낼 줄 모르는 사람, 남에게 사기를 당하고도 고소하지 않는 사람, 남에게 중상모략을 당하고도 흥분하지 않는 사람, 그런 사람을 가리켜 요즘 세상 사람들은 '바보'라고 하지만, 그러나 그 사람이 어찌해서 바보인가?

화를 내지 않는 사람, 성낼 줄 모르는 사람, 그 사람이 바로 물 위에 쓴 글씨 같은 사람, 우리가 본받고 우리가 뒤따라야 할 보살의 표상이다.

사랑하는 사람도 가지지 말라.
미워하는 사람도 가지지 말라.
사랑하는 사람은 못 만나 괴롭고
미워하는 사람은 만나서 괴롭다.

그렇다. 사랑도 미움도 초월한 사람, 있는 것도 없는 것도 초
월한 사람, 슬픈 것도 기쁜 것도 초월한 사람, 언제나 어디서나
온화하고 즐거운 마음으로 한세상 사는 사람, 그런 분이 부럽
고 또 부럽다. 언제 어디서나 누구에게나 한결같은 얼굴, 한결
같은 목소리로 한결같이 사는 사람, 바로 그런 분이 그립고 그
립다.

귀한 사람, 천한 사람

　요즘 돈푼깨나 있다는 사람들이 너무 호사스럽게 산다고 말썽이 일어나고 있다. 몇 억 원을 주어야 굴릴 수 있는 외국산 승용차가 불티나게 팔리고, 몇 천만 원짜리 털코트가 순식간에 팔려 나가고, 백만 원짜리 어린이 장난감이 날개돋친 듯 잘 팔리는 세상이라고 한다.

　식사 한 끼에 몇 십만 원씩 지불해야 하는 호텔의 식당은 예약을 해야 먹을 수 있고, 주말이나 연휴의 관광지·온천장의 호텔은 방 구하기가 하늘에 별따기보다도 어렵고, 한 세트에 몇 천만 원을 하는 외국산 가구며, 몇 백만 원을 호가하는 수입 옷들이 나보란 듯이 잘 팔리는 그런 세상이 되었다.

　먹는 것만 해도 우리나라 과일의 품질이 몰라보게 향상되어 달기도 달고 향기도 좋고 맛이 있는데도 기어이 외국산 과일만을 먹어야 직성이 풀리는지 외국산 오렌지, 외국산 파인애플, 외국산 바나나에 외국산 자몽까지, 별의별 외국산 과일이 우리

나라 시장에 넘쳐나고 있다. 시계도 외국제요, 양복도 외국제요, 넥타이도 외국제요, 심지어 손수건까지도 외국제 백만 원짜리를 쓰는 얼빠진 사람들이 늘어나고 있다니 어처구니가 없다.

그러면 왜 이런 철없는 호화생활자가 갈수록 늘어나고, 왜 이렇게 외국제만 즐겨 찾는 과소비 현상이 일어나는 것일까?

허영과 사치는 귀한 사람이 되어 귀한 사람 대접을 받고 싶은 허욕에서 비롯된다. '나는 이만큼 돈이 많은 사람이요, 나는 이 정도로 지체가 높은 사람이다' 하는 것을 남에게 과시하기 위해서 비싼 옷, 비싼 바지, 비싼 시계, 비싼 목걸이를 차고 비싼 승용차를 타고 다닌다. 허영과 사치, 최고급 외국제를 좋아하는 사람치고 과시욕 없는 사람이 없고, 자기를 과시하기 좋아하는 사람치고 정신이 제대로 박힌 사람이 없다.

그런데 언제부터인가 우리가 사는 이 세상은 돈 많은 사람이 귀한 사람이요, 지위 높은 사람이 귀한 사람이요, 최고급 호화스런 생활을 하는 사람이 귀한 사람으로 잘못 인식되고 있는데 문제가 있다.

어느 신문의 보도에 따르면 소매치기 전과 12범이 호화주택가에 살고 있었는데, 그 동네에서는 그를 돈 많은 기업인으로 알고 있었으며, 또 얼마 전에는 마약계의 대부가 구속되었는데 어마어마한 호화주택에 그럴 듯한 기업체까지 거느리고 있었다는 게 세상에 알려졌다. 무슨 짓을 해서 돈을 벌든, 돈만 많으면 귀한 사람 대접을 받고 귀한 사람 행세를 하고, 무슨 짓을 해서라도 재산만 많으면 귀한 사람이 될 수 있다는 착각 때문에 지금 이 세상은 갈수록 아수라장으로 변해가고 있다.

그러나 일찍이 부처님께서는 우리들에게 어떻게 이르셨던
가? 귀한 집에서 태어났다고 해서 귀한 사람이 되는 것은 아
니라고 하였다. 돈을 많이 가졌다고 해서 귀한 사람이 되는 것
은 아니라고 하였다. 지위 높은 사람이라고 해서 귀한 사람이
되는 게 아니라고 하였다.

　그러면 정말 귀한 사람은 어떤 사람인가? 사람의 귀하고 천
함은 하는 짓거리, 곧 행실에 따라 귀한 사람도 되고 천한 사
람도 된다고 하였다.

　바른 생활, 바른 눈, 바른 말, 바른 노력으로 바른 일을 하는
사람이 바로 귀한 사람이요, 그릇된 생각, 그릇된 눈, 그릇된
말, 그릇된 일을 하는 사람은 천한 사람이라고 이르셨다.

　그런데 이 세상에서 바른 생각, 바른 눈, 바른 말, 바른 노력
으로 바른 일을 하는 사람 가운데 과연 한 번 술마시는 데 몇
백만 원을 뿌려야 한다는 최고급 룸살롱에 가는 사람이 있을
까? 바른 생각, 바른 일을 열심히 하는 사람이 몇 천만 원짜리
털코트를 입는 일이 있을까? 정직하게 일하고, 정직하게 받고,
정직하게 저축한 사람이 몇 천만 원짜리 목걸이를 목에 걸고
손가락에 몇 억짜리 물방울 다이아 반지를 끼고 다닐까? 정직
한 직장에서 정직하게 일하고 정당하게 월급을 받는 사람이 백
만 원짜리 장난감을 어린 자식에게 선뜻 사다줄 수 있고, 한
끼에 몇 십만 원씩 하는 호텔 식당에서 요리를 사먹일 수 있는
것일까? 정직하게 세금을 내고 정직하게 이익을 남기고 정당
한 월급을 주어가면서 정직하게 돈을 번 기업가가 저토록 흥청
망청 돈을 물쓰듯 뿌리고 다니면서 초호화판 허영과 사치를 즐

길 수 있을까?

허영과 사치와 방탕을 즐기는 일부 철없는 사람들을 바라보면서 우리 서민들은 저들이 과연 바른 생각으로 바르게 일하고, 바르게 벌어서 바르게 세금 내고도 저렇게 호화 방탕생활을 즐길 수 있으리라고는 믿지 않는다.

마약밀매를 했거나, 보석밀수를 했거나, 부동산 정보를 빼내서 부동산 투기를 했거나, 협잡을 했거나, 탈세를 했거나, 사기 횡령을 했거나, 부정을 눈감아주고 뇌물을 왕창 먹었거나……. 아무튼 바르지 못한 생각, 바르지 못한 짓으로 너무 돈을 쉽게 벌었기 때문에 쓰는 것도 저렇게 쉽게 쓰는 것으로 보인다. 그렇지 않고서야 바른 생각, 바른 노력, 바른 일을 해서 정당하게 땀흘려 번 돈으로 감히 어떻게 몇 억짜리 승용차에 몇 천만 원짜리 털코트에, 몇천만 원짜리 보석을 휘감고 다니며 한 끼 식사, 한 번 목욕에 몇 만 원, 몇 십만 원씩을 뿌릴 수 있겠는가!

그렇다면 초호화생활자, 허영과 사치와 방탕을 즐기는 자들은 극소수를 제외하고는 대부분 다 무언가 구린 데가 있을 것이라는 얘기가 아닌가!

"나는 부정한 방법으로 돈을 벌어서 이렇게 왕창왕창 쓰고 다닙니다." 허영과 사치와 방탕과 호사생활을 나보란 듯이 하고 있는 사람들은 스스로 제 구린 데를 만천하에 광고하고 다니는 셈이다. 세상에 이처럼 어리석고 멍청한 사람들이 또 어디에 있을 것인가!

분에 넘치는 사치를 하고 다니는 사람, 분수에 맞지 않게 외국산만 좋아하는 사람, 정직하게 살고 바르게 사는 사람들에게 세상 살맛을 잃게 만드는 이 철없는 사람들은 부처님이 말씀하신 대로 천박한 짓거리를 하는 천박한 사람이다. 비록 가난할지라도 바른 생각, 바른 일을 해서 부처님이 이르신 참다운 귀한 사람으로 사는 게 사람다운 사람이다.

절에서 법회가 열리는 날, 보석자랑을 하기 위해서 주렁주렁 목에 걸고 오거나 손가락에 번쩍번쩍 보석반지를 끼고 오는 철없는 여자들의 모습을 보고 부처님은 준엄하게 꾸짖으신다.

"그 천박한 짓, 언제나 그만두려는고!"

좋은 여자, 나쁜 여자

이 세상에 살고 있는 사람들 가운데 묘하게도 남자와 여자의 수효는 언제나 엇비슷하다. 백인이 살고 있는 나라건 흑인이 살고 있는 나라건, 또는 북쪽에 있는 나라건 남쪽에 있는 나라건간에 남녀의 인구비율은 모두가 엇비슷하다. 남자가 너무 많아서 못살겠다는 나라도 없고, 반대로 여자가 너무 많아서 못살 지경이 된 나라도 없다.

어떤 지역, 어떤 시대에는 엄청난 살육이 빚어지는 전쟁으로 해서 수많은 남자 전사자들이 발생하기 때문에 일시적으로는 남자의 수효가 급격히 줄어든 일이 일어나기도 하지만, 이 불균형은 세월이 흐름에 따라 어느새 다시 정상으로 회복되곤 한다.

그러고 보면 인류의 역사는 남자와 여자가 함께 어울려 힘을 보태어 엮어왔고, 인류의 모든 행복과 불행도 남자와 여자가 더불어 함께 엮어왔다. 크레오파트라의 코가 단 5밀리만 낮았더라도 세계의 역사는 **달라졌을 것이요**, 양귀비의 몸무게가 10 킬로그램만 더 나갔더라도 중국의 역사가 달라졌을 것이라는 농담도 있지만, 그만큼 인류의 역사에서 여자가 차지하는 비중이 컸다는 얘기다.

우리나라의 역사를 살펴보더라도, 여자들의 질투 때문에 궁궐 안은 편할 날이 없었고, 여자들의 싸움 등살에 피비린내나는 당쟁과 살육이 되풀이되었다.

그런 일이 어찌 궁궐에서뿐이었으랴. 좋은 여자가 있는 곳에서는 포근한 웃음과 따뜻한 정이 흘러넘쳤고 화목과 행복이 깃들었지만, 나쁜 여자가 있는 곳에서는 오뉴월에도 서리가 내리고 앙칼진 목소리와 함께 시샘과 모략과 쟁투가 그칠 날이 없었고, 결국에는 가정이고 나라고 파멸의 길을 걸어왔다. 그만큼 여자가 어떤 여자이냐에 따라 그 가정, 그 나라의 행복과 불행이 판가름 나버렸고, 흥망의 열쇠는 여자가 쥐고 있다고 해도 지나친 말이 아니었다. 보통 사람들의 행복과 불행, 한 가문의 흥망성쇠도 그 집안에 어떤 여자가 아내로 들어오고 어떤 여자가 며느리로 들어오느냐에 따라 판가름이 나게 마련이다.

오늘날도 마찬가지다. 가정의 행복, 집안의 교육, 남편의 성공은 그 열쇠를 모두 여자가 쥐고 있다. 어머니로서의 여자, 아내로서의 여자, 며느리로서의 여자가 우리의 행·불행을 좌우하고 있는 것이다. 좋은 어머니, 좋은 아내, 좋은 며느리를 만난 사람은 정말이지 얼마나 얼마나 다행인지 모른다.

그러면 어떤 여자가 좋은 여자이고, 어떤 여자가 나쁜 여자일까?

일찍이 석가모니 부처님께서는 사바티의 부호 급고독장자의 못된 며느리 옥야(玉耶)를 앉혀놓고 일곱 가지 유형의 아내에 대해 자세히 말씀한 적이 있다.

권력 있고 재산 많은 집안의 딸이었던 옥야는 뛰어난 미모와 친정의 권세를 믿고 교만에 빠져 시부모와 남편을 제대로 섬기지 않았다. 그래서 부처님을 모셔다가 교화시키려 했던 것이다.

석가모니 부처님은 "여자는 무엇보다 단정해야 하고, 단정하다는 것은 얼굴이나 몸매나 의복 등 겉모양만을 말하는 게 아니라, 그릇된 태도를 버리고, 마음을 한결같이 공손하게 가지는 것을 가리킴이오"라고 전제한 다음, 일곱 가지 유형의 아내를 열거하였다.

세상에는 일곱 가지 종류의 아내가 있소. 어머니 같은 아내, 누이 같은 아내, 친구 같은 아내, 며느리 같은 아내, 종 같은 아내, 원수 같은 아내, 도둑 같은 아내가 있는 것이오.

첫째, 어머니 같은 아내는 어머니가 자식 생각하듯 밤낮으로 남편 곁을 떠나지 않고 모시며 때에 맞추어 먹을 것을 차리며 남편이 밖에 나갈 적에는 남들에게 흉잡히지 않도록 마음을 쓰는 것이오.

둘째, 누이 같은 아내는 남편을 한 부모에게서 혈육을 나눈 형제로 여기어, 두 가지 정이 있을 수 없으며 누이가 오라비를 받들어 섬기듯 하는 것이오.

셋째, 친구 같은 아내란 남편을 모시고 사랑하는 생각이 지극해서 서로 의지하고 사모하여 떠나지 않고, 어떤 비밀스런 일도 서로 알리며 잘못을 알면 충고하여 실수가 없게 하고, 좋은 일은 칭찬하여 지혜가 더 밝아지도록 하면서 서로 사랑하여 이 세상에서 편안히 지내기를 어진 친구처럼 하는 아내요.

넷째, 며느리 같은 아내란 정성과 공경심을 다해 어른을 받들고, 겸손한 순종으로 남편을 섬기며, 일찍 일어나고 늦게 자며, 어긋나는 말과 행동을 하지 않습니다. 그리고 좋은 일은 다른 사람에게 돌리고, 궂은 일은 자기가 나서서 책임을 지고, 남에게 베풀기를 가르치고 착하게 살기를 서로 권하며 마음이 단정하고 뜻이 한결같아 조금도 그릇됨이 없고 아내의 예절을 바르게 익혀 손색이 없으니, 어디에 나아가도 예의에 어긋나지 않으며 오로지 화목으로써 귀함을 삼으니, 이것이 바로 며느리 같은 아내요.

다섯째, 종과 같은 아내란 항상 어려워하고 조심하며 교만하지 않고 일에 부지런하여 피하거나 꺼리는 일이 없고, 공손하고 정성스러워 충성과 효도를 끝까지 지키고, 말은 부드럽고 성질은 온화하며 거칠거나 간사스런 말을 하지 않고, 방종한 행동을 하지 않으며, 정숙하고 선량하고 슬기로우며 항상 스스로를 엄하게 단속하며 예의로 몸가짐을 삼고, 남편이 사랑해도 교만을 부리지 않으며, 설사 박대를 하더라도 원망함이 없이 묵묵히 받아들이며 딴 생각을 품지 않고, 남편이 즐기는 것을 권하고, 말이나 얼굴빛에 질투가 없으며 오해를 받더라도 그것을 밝히려고 다투지 않고, 아내의 예절을 힘써 닦아 옷과 음식을 가리지 않고 공경하며 정성을 기울일 뿐, 남편 섬기기를 마치 종이 상전을 섬기듯 하는 아내요.

여섯째, 원수와 같은 아내란 항상 성내는 마음을 지니고, 남편을 반기지 않고, 밤낮으로 헤어지기를 생각하며 부부라는 생각이 없이 나그네처럼 여기며, 걸핏하면 싸우려 들고 조금도 어려워하는 마음이 없으며, 헝클어진 머리로 손도 하나 까딱하지 않고 집안일을 전혀 돌보지 않고, 자식들이 어찌되건 보살피지 않으며, 바람을 피우면서도 부끄러운 줄 모르고, 그 모습이 짐승과 같아 친척을 욕되게 하니, 이것이 바로 원수 같은 아내요.

일곱째, 도둑과 같은 아내란 밤낮으로 성낸 마음으로 대하며, 무슨 수를 써서 떠날까 궁리하고, 독약을 먹이자니 남이 알까 무서워서 못하고, 친정이나 이웃과 짜고 재산을 빼돌리려 하며, 정부(情夫)를 두고 틈을 보아 남편을 죽이려 하니, 이것이 바로 도둑과 같은 아내요.

세상에는 이와 같이 일곱 가지 종류의 아내가 있는데, 먼저 예로 든 다섯 가지의 착한 아내는 여러 사람들이 사랑하고 일가친척들이 함께 칭송하지만, 마지막 두 가지 아내는 항상 비난을 받고 몸과 마음이 편치 못해 늘 앓게 되며 눈을 감으면 악몽에 시달리고 횡액을 당하며, 죽은 후에는 삼악도(三惡道)에 떨어져 헤어날 기약이 없을 것이오."

부처님이 말씀하신 일곱 가지 유형의 아내는 오늘날 우리 주변에도 얼마든지 있다. 게다가 세상이 변해서 못된 아내의 유형이 몇 가지 더 늘었다.

권세 있음을 기화로 해서 갈 곳 안 갈 곳 가리지 않고 설치는 여자가 나타났는가 하면, 돈푼께나 움켜진 것을 기화로 사치와 허영에 들떠 미쳐 돌아가는 여자들이 부쩍 많아졌다.

게다가 또 떼돈을 번다 하면 약방에 감초처럼 끼여들어 투기를 일삼는 못된 여자들이 늘어나고 있다. 아파트 투기, 땅 투기, 마늘 투기, 고추 투기에 눈이 뒤집힌 여자들.

그리고 보면 석가모니 부처님 시대에는 아내의 유형이 일곱 가지였지만, 오늘날에는 열 가지쯤 되는 것 같다. 좋은 아내가 다섯 가지요, 나쁜 아내도 다섯 가지로 늘어났으니 이제 그야말로 좋은 여자, 나쁜 여자의 종류 비율도 평등해졌다고나 할까?

그러나 슬픈 일이다.

어머니 같은 아내, 누이 같은 아내, 친구 같은 아내, 며느리 같은 아내, 종 같은 아내는 날이 갈수록 줄어들고, 원수 같은 아내, 도둑 같은 아내, 여우 같은 아내, 시부모를 내쫓는 독사 같은 아내들만 늘어나고 있으니……

해야 할 말, 해서는 안 될 말

사람은 누구나 말을 하지 않고는 살 수가 없다. 그래서 말 못하는 벙어리로 태어난 사람도 손짓으로 말을 하고, 글자로 말을 한다. 이 세상 모든 사람은 말을 하지 않고는 답답해서 못살고, 숨통 막혀 못산다. 사람은 누구나 말을 함으로 해서 자기의 생각과 뜻을 전하고, 구하고자 하는 것을 구하며, 정을 나누고, 사랑을 주고받는다.

그러나 이 말이 좋은 것만 우리에게 가져다 주는 것은 결코 아니다. 말 한마디 잘못하면 평생토록 감옥살이도 하는 수가 있고, 말 한마디 때문에 원수가 되어 싸우는 경우도 있고, 말 한마디 잘못해서 따귀를 얻어맞는 경우도 얼마든지 있다.

그래서 옛선비는 "말로써 말이 많으니 말을 말까 하노라" 하고 말의 부작용을 한탄하기도 했고, 옛부터 사람은 누구나 말 조심을 해야 한다고 가르치기도 했다.

사람에게 왜 눈이 있을까? 그것은 다시 말할 필요도 없이 보라고 있다.

사람에게 귀가 왜 있을까? 그것은 다시 말할 필요도 없이 들으라고 있다.

사람에게 왜 입이 있을까? 그것은 두말할 필요도 없이 먹고 말하라고 있다. 그런데 이 평범한 진리, 누구나 다 알고 있는 상식대로 세상을 살다보면 우리는 뜻밖에도 화를 불러들이는 경우를 종종 만나게 된다.

귀로 들은 것을 잘못 입으로 옮기면 생각지도 않게 유언비어를 퍼뜨린 죄목으로 혼나기도 하고, 내 눈으로 보았다고 해서 본 것을 그대로 말하고 다니면 시비를 일으키게 하거나 반대파로 몰려 곤욕을 치르기도 한다.

가정생활에서나, 이웃간에나, 직장에서나, 사회생활에서나, 이 말 때문에 혼나고 말 때문에 싸우게 되고 말 때문에 손해보는 경우가 너무도 많다. 그래서 요즘 세상에는 자기 자신과 특별한 이해관계가 없는 이상, 아예 입을 봉하고 사는 꿀먹은 벙어리가 있는가 하면, 자기 신변의 안전을 위해서 아예 본 것을 보았다고 하지 않고, 들은 것을 들었다고 하지 않는 치사한 족속들도 수두룩하게 많다.

그뿐이 아니다. 저 혼자의 이익과 영달과 신변보호를 위해서 검은 것을 희다고 하고, 흰 것을 검다고 말하는 철면피가 있는가 하면, 사람이 와도 왔다는 소리를 하지 않고, 사람이 죽었어도 죽었다는 소리를 하지 않는 멀쩡한 벙어리도 우리 주변에는 수두룩하다.

윗사람 비위 맞추고 알랑대는 말은 앵무새 뺨치게 청산유수로 잘 늘어놓는 족속들이 정작 필요한 말을 해야 할 때는 갑자기 벙어리가 되어 버리는 비겁하고 치사한 꼴도 우리는 수없이 보고 겪고 당하며 산다.

해야 할 말을 제때에 제대로 해줘야 할 의무와 사명과 본분을 지니고 있는 언론인이나, 지식인이나, 지도자가 해야 할 말을 하지 않고 하지 말아야 할 말을 마구 지껄여댈 때, 우리는 답답함을 넘어서서 분노를 느낀다. 그리고 우리는 '해야 할 말'과 '하지 말아야 할 말'에 대해서 곰곰이 생각하게 된다.

우리는 과연 본 것은 보았다고 말해야 할 것인가? 아니면 보고도 못 본 척해야 할 것인가? 본 것을 보았다고 말하는 데도 지혜와 용기가 필요하다. 그리고 본 것을 안 보았다고 말하는 데도 그만한 지혜와 용기가 필요하다. 그러면 우리는 어떤 경우에 보았다고 말해야 하며, 어떤 경우에는 보고도 못 본 척 말을 하지 말아야 할 것인가? 사소한 가정문제에서부터 직장문제, 사회문제에 이르기까지 우리는 말을 해야 할까, 하지 말아야 할까로 고민하는 경우가 많다.

옛날 부처님이 '대숲절'에 계실 때, '우행'대신이 부처님을 찾아뵙고 바로 이 고민을 털어놓은 일이 있었다.

"부처님이시여. 저는 본 것은 보았다 하고, 들은 것은 들었다 하며, 생각했던 것은 생각했다 하고, 알고 있는 것은 알고 있다고 말하는 것은 아무 죄가 안 된다고 생각하옵니다만, 부처님께서는 어떻게 생각하시는지요?"

이 말을 듣고 부처님은 다음과 같이 말씀하셨다.

"브라만이여. 나는 본 것은 모두 말해야 한다고는 말하지 않는다. 또 본 것은 모두 말해서는 안 된다고 말하지 않는다. 또 들은 것, 생각한 것, 안 것에 대해서도 모두 말하지 않으면 안 된다고도 말하지 않는다. 또한 모두 말해서는 안 된다고도 말하지 않는다.

　브라만이여. 말을 함으로 말미암아 만일 악한 일이 더 많아지고 착한 일이 줄어든다면 본 것이라도 말해서는 안 될 것이나. 또한 말을 함으로 해서 악한 일이 없어지고 착한 일이 더 늘어날 수 있다면 그것은 말하지 않으면 안 될 것이다. 들은 것, 생각한 것, 아는 것에 대해서도 똑같이 말을 함으로 해서 악한 일이 더하고 착한 일이 줄어든다면 그것은 말해서는 안 될 것이다. 만일 말을 함으로 해서 악한 일이 줄어 들고 착한 일이 더해 간다면 그것은 말하지 않으면 안 될 것이다."

　《아함경》에 담겨 있는 부처님의 이 한마디 가르침은 과연 우리에게 무엇을 강조하고 있는가? 부처님은 우리 모두에게 어떤 경우에도 본 것을 보았다고 말하라고 가르치지 않았다. 그렇다고 어떤 경우에도 본 것을 보았다고 말하지 말라고 가르친 것도 아니었다. 해야 할 말과 하지 말아야 할 말은, 그 말을 함으로 해서 악이 더 늘어날 것이냐, 선이 더 늘어날 것이냐. 거기에 따라서 악이 줄어들 수 있는 말은 하라고 가르쳤고, 선이 줄어들 말은 하지 말라고 가르치셨다. 결코 부처님은 '나의 이익'이나 '나의 출세'나 '나의 보신'을 위해서 말을 하거나, 말을 하지 말라고는 가르치지 않았다.

그런데도 오늘날 우리 주변에는 악을 없애고 선을 늘릴 수 있는 말조차도 하려 들지 않는다. 저 혼자 잘 보이고, 저 혼자 출세하고, 저 혼자 영달해서 남보다 더 호의호식하려고 해야 할 말을 하지 않고, 청개구리처럼 해서는 안 될 말만 서슴없이 내뱉고 있다.

직장의 상관이 무서워서, 나에게 돌아올 이익이 탐나서, 내가 누릴 수 있는 직위를 놓치지 않으려고, 해야 할 말은 꿀꺽꿀꺽 참아넘기고, 마음에도 없는 '해서는 안 될 말'만 청산유수처럼 내뱉는 소인배들이 이 구석 저 구석에 모래알보다도 더 흔한 세상이 되어버렸다.

그러나 도둑놈이 담을 넘어 들어올 때 컹컹 짖으라고 키우는 개가, 도둑이 들어왔을 때 짖기는커녕 도둑이 던져주는 고기 뼈다귀나 핥아먹고 좋아라 한다면, 우리는 그런 얼빠진 개를 키울 필요가 어디 있겠는가?

하물며 도둑이 담을 넘어 들어와서 뼈다귀만 물려주면 도둑을 보고는 꼬리를 치고, 주인에게는 물어뜯으려고 덤벼드는 그런 미친 개라면 우리는 그 미친 개를 과연 어떻게 해야 할 것인가? 그러나 그동안 우리의 언론계에는 이런 미친 개들이 하나 둘이 아니었다.

가정에서도, 이웃간에도, 직장에서도, 사회에서도, 나쁜 일을 멈추게 하고 좋은 일이 늘어나도록 해야 할 말을 해야 할 때에 제대로 할 줄 알아야 한다. 그리고 악인(惡人)을 줄어들게 하고, 선인(善人)을 늘어나게 하기 위해서는 해서는 안 될 말은 죽어도 안 해야 한다.

이 말을 함으로 해서 나쁜 자가 덕을 보고 좋은 사람이 피해를 보는 일은 없는가, 내가 이 말을 함으로 해서 악이 점점 늘어나고 선이 점점 줄어들게 되지는 않을 것인가, 이 점을 곰곰이 생각해보아야 한다. 내가 이 말을 아니함으로 해서 악당들이 덕을 보고 착한 사람들이 피눈물을 흘리게 되지는 않을 것인가, 이 점을 우리는 곰곰이 생각해서 '말하는 용기'와 '말하지 않는 용기'를 선택해야 한다.

　내 이익을 위해서, 내 가족을 위해서, 나 혼자만의 부귀영화를 위해서, 말을 할 것인가 아니할 것인가를 선택할 게 아니라, 선과 악을 철저히 가려서 선택해야 한다.

　도둑이 담을 넘어들어왔을 때, 그 도둑의 발길에 채일까 겁이 나서 짖지도 못하는 개는 개가 아니다.

　그래서 부처님께서는 본 것을 보았다고 말을 해야 할 때와 말을 하지 말아야 할 때를 제대로 가릴 줄 알라고 가르치셨다.

　집안에서건 직장에서건, 옳은 일을 위한 옳은 말은 당당히 할 수 있는 사람, 해서는 안 될 말은 아무리 큰 이익이 생긴다고 해도 절대로 하지 않는 사람, 목에 칼이 들어와도 해야 할 말은 제대로 하는 사람, 그런 사람이 그립고 그립다.

부귀영화를 누리고 싶거든

　이 세상 모든 사람은 건강하게 살고 싶어한다. 이 세상 모든 사람은 가난하고 궁색스럽게 살기보다는 부자가 되어 여유롭게 살고 싶어한다. 세상이 아무리 민주주의 시대요, 직업에는 귀천이 없다고 떠들어대지만, 이 세상 모든 사람들은 이왕이면 높은 직위, 이왕이면 귀한 자리에 올라앉아 여봐란 듯이 살고 싶어한다.

　한 벌밖에 없는 나들이옷보다는 철따라 바꿔 입을 수 있는 여러 벌의 옷을 갖고 싶어한다. 대여섯 식구가 한 칸 방에서 복닥거리고 사는 것보다야 각자 방을 하나씩 차지하고, 네 활개 활짝 펴고 사는 것이 훨씬 더 좋다.

　자식이 공부를 지지리도 못해서 형편없는 점수를 들고 이 대학, 저 대학 눈치를 봐야 하는 그런 처량한 모습보다는 만점에 가까운 점수를 턱 따놓은 뒤에 가고 싶은 대학을 내가 내 마음대로 골라 갈 수 있는 그런 당당한 모습이 부럽고 부럽다.

새벽잠을 제대로 못 잔 채 남의 집 쓰레기나 치워주면서 사는 것보다는, 미끈한 자가용을 굴리면서 근사한 자리에 앉아서 살고 싶다.

라면 한 봉지로 때우는 초라한 식사보다는 갈비찜이 더 먹고 싶고, 곰팡이 냄새 나는 후덥지근한 흙 벽돌집보다는 드넓고 호화스러운 맨션아파트에서 살고 싶다.

이 세상 대부분의 우리 중생들은 이런 세속적인 희망과 세속적인 염원을 가슴마다에 지닌 채 살아가고 있다. 그러나 우리 어리석은 중생들이 꿈꾸듯 모든 부귀영화는 길거리를 지나다가 우연히 주워 담을 수 있는 그런 것이 아니다.

대학 수능시험 만점 맞는 것이 연필 굴리기로 될 수 있는 일이 아니요, 꿈을 잘 꿔서 될 일이 아니다. 고등고시 합격이나 취직시험 합격도 돼지꿈을 꾼다고 될 일이 아니요, 손이 발이 되도록 빈다고 해서 될 일이 아니다.

산에 가야 범을 잡고, 물에 가야 고기를 잡는다는 흔한 말처럼 우리는 열매를 따먹고 싶으면 나무부터 심는 일을 실천해야 한다. 열매는 애타게 따먹고 싶어하면서도 우리는 솔직히 나무 심는 일에는 게으른 편이 아니었던가?

흙구덩이를 파고 나무를 심고, 거기에 거름을 주고, 병충해를 막아주고, 오랜 세월 땀을 흘려야 하는 그 과정이 귀찮고 싫어서 우리는 쉽고 더 편하게 과일만을 따먹으려고 남이 애써 가꿔놓은 과일나무에 치사한 손을 내밀지는 않았던가?

자기가 흙구덩이를 파지 않고, 자기가 과일나무를 심고 가꾸지 않았으면서도 '다른 녀석들이 점수를 너무 많이 맞아서 내

가 시험에 떨어졌다'는 어리석은 원망으로 가슴을 앓는 일은
과연 없었던가?

우리 같은 어리석은 중생들은 자칫하면 그런 어리석음에 빠
져 허우적거린다. 그래서 석가모니 부처님은 일찍이 우리에게
이렇게 가르쳐주셨다.

옛날에 아주 무식하고 욕심 많은 부자가 살고 있었
다. 이 부자가 하루는 이웃에 놀러 갔다가 다른 부자
가 드높고 으리으리한 3층 누각을 지어놓은 것을 보게 되었다.
그 3층 누각은 그야말로 웅장하고 화려할 뿐 아니라 드높아서
시원하고 멋있게 보였다.

이것을 본 부자는 '나도 저만한 3층 누각을 지을 만한 충분
한 재산을 가지고 있는데 왜 여태 저런 3층 누각 지을 생각을
하지 못했던고' 하며 당장 지으리라 마음먹었다.

그 부자는 집에 돌아오자마자 목수를 불렀다.

"나도 저런 누각을 지어야겠는데, 자네가 지을 수 있겠는
가?"

"지을 수 있습니다. 바로 저 누각도 사실은 제 손으로 지어
드린 겁니다."

"그럼 당장 저런 누각을 지어주게나."

그날부터 목수는 땅을 고르고, 구덩이를 파고, 돌을 깔고, 기
초공사를 하기 시작했다. 그리고는 기초공사를 마친 뒤에 벽돌
을 쌓기 시작했다.

이렇게 일하는 것을 곁에서 보고 있던 부자가 답답하다는 듯

이 목수에게 물었다.

"자넨 도대체 어떤 집을 짓고 있는 겐가?"

"3층 누각을 짓고 있습니다."

"아니, 이게 3층 누각을 짓는 중이라고?"

"그렇습니다."

"이 답답한 사람아. 나는 저 3층 누각만 짓고 싶은 거지. 그 밑에 있는 1층, 2층은 필요없네. 1층, 2층 같은 건 짓지 말고 3층 누각만 속히 짓도록 하게!"

"그러시다면 다른 목수를 구해보십시오."

"뭐라구?"

"아래층을 짓지 않고 어떻게 2층을 지으며, 2층을 짓지 않고 어떻게 3층을 지을 수 있단 말입니까? 난 그런 집은 지을 수가 없습니다."

그 목수는 그 말을 마치고는 연장을 챙겨 떠나버렸다. 이웃 사람들은 이 말을 듣고 그 어리석은 부자를 비웃었다.

석가모니 부처님이 일찍이 이렇게 가르쳐주었건만, 배울 만큼 배운 우리가, 알 만큼 안다는 우리가 아직도 저 어리석은 부자처럼 살아가고 있으니 부끄러울 뿐이다. 나는 요즘에도 이런 말을 자주 듣는다.

"요즘 아이들은 어른을 공경할 줄 모르고 효도할 줄 모른다."

그러나 솔직히 한번 되돌아보자. 우리는 흔히 우리의 가정에서 시험점수만 잘 맞아오라고 아이들을 닦달해왔지, 예절교육

한번 제대로 시켜왔는가? 시험점수만 100점 맞아오면 돈주고 뭣 사주고 아까운 것 없이 다 해주었지만, 사람의 도리나 예절이나 도덕교육에 얼마나 신경을 써왔던가?

그리고 또 한 가지. 아이들은 어른들이 하는 말과 행동을 보고 듣고 느끼면서 그대로 배운다. 학생이 1학년에 입학해서 기초실력을 닦아놓지 않으면 졸업할 때 갑자기 1등을 할 수 없는 것과 마찬가지로, 어렸을 때부터 어른공경을 제대로 하지 않는 부모를 보고 배운 아이가 큰 다음에 갑자기 효자가 될 수는 없다.

허구헌 날 고주망태가 되어 돌아오는 아버지와, 그 아버지와 걸핏하면 부부싸움을 벌이는 어머니 밑에서 효자와 효부가 나올 수는 없다.

학교가 끝나도 곧장 집에 오지 않고 나쁜 친구들과 어울려 술 마시고 담배 피우며 디스코클럽에나 들락거리고 오락실에나 붙어 있는 고등학생이 이 다음 대학입학시험에서 좋은 점수를 딸 수는 없다. 그것은 봄에 씨앗을 뿌리지 않는 게으른 농부가 가을에 수확할 것이 없는 것과 조금도 다를 것이 없다.

만일 오늘, 당신의 주변 사람들이 당신의 말을 믿어주지 않고, 당신의 실력을 인정해주지도 않고, 당신의 능력을 알아주지도 않아서 살아가기에 고달프다면, 과연 그 책임은 누구에게 있을까?

당신이 그동안 공부하는 데 게을렀고, 거짓말을 너무 자주했고, 약속을 너무 자주 어겼고, 맡겨진 일을 제대로 하지 않았고, 무슨 일이나 얼렁뚱땅 적당히 해치우면서 자기 이익만 챙기려고 하지 않았던가?

말하자면 당신은 저 3층 누각 같은 부귀영화만을 탐내었지, 땅을 고르고 자갈을 깔고 1층을 짓고 2층을 짓는 일을 외면했던 것은 아닌가?

고기를 잡으려면 바다로 가야 하듯이, 건강하게 살고 싶은 사람은 알맞은 영양섭취와 알맞은 운동과 즐거운 일거리를 갖고 건강을 해치는 일을 맡아야 한다.

높은 지위에 오르고 싶은 사람은 한번 시험을 치르면 척 합격할 수 있는 실력을 갖추고, 어느 자리에 앉게 되면 좋은 생각, 좋은 말로 사람을 사귀고, 정직하게 사람을 대하며, 성실하게 땀흘리고 맡겨진 일을 거뜬히 해내며, 한번 약속한 것은 기어이 지켜서 신용을 쌓고 의롭게 살며, 사사로운 나의 이익보다는 남의 이익을 앞세우고 나아가서 공과 사를 철저히 구별하고 언제나 공부하고 연구하는 진취적인 생활자세를 갖는다면 그것이 바로 땅을 고르고 자갈을 깔고 벽돌을 쌓아 3층 누각을 짓는 일이 될 것이요, 틀림없이 저 드높고 웅장한 3층 누각을 당신의 것으로 만들 수 있을 것이다.

남이 자는 시간에 잠을 덜 자고, 남이 노는 시간에 땀을 더 흘리고, 남이 즐기는 시간에 고통을 견뎌가며 흙구덩이를 파고, 거기에 과일나무를 심고 거름을 주고 벌레를 잡아준다면, 그 나무는 어김없이 튼튼하게 잘 자라서 머지않은 날 틀림없이 먹음직스러운 과일을 당신이 마음껏 따먹을 수 있게 해줄 것이다.

씨앗도 뿌리지 않고 수확을 하려는 사람, 나무도 심지 않고

과일만 따먹으려는 사람, 1층도 짓지 않고 3층을 지으려는 사
람, 이런 사람들이 바로 오늘날 한탕주의자요, 도둑이요, 밀수
꾼이요, 도박꾼이요, 사기꾼이요, 부정부패한 공직자들이다.

쾌락은 파멸의 늪

이 땅에 서양바람이 불어오기 시작하면서, 눈에 두드러지게 늘어난 것이 바로 부녀자들의 탈선행위이다.

옛 어른들은 "아녀자와 접시는 밖으로 나돌면 깨지게 마련"이라고 경고했건만, 이 나라에 불어닥친 저 미친 서양바람은 가정을 지켜오던 우리의 부녀자들을 밖으로 끌어내어 곗바람·동창회바람·치맛바람을 일으키게 했고, 마침내는 춤바람에 휘말려 평안하고 행복했던 단란한 가정을 파탄시키고 그 여자의 일생을 망치는 비극을 수없이 빚어냈다.

어디 그뿐인가? 아버지도 집을 비우고, 어머니마저 집을 비우는 이른바 부모부재(父母不在)의 가정이 늘어나면서 자식들까지 밖으로만 나돌아 결국은 청소년 범죄에 휘말리게 하였고, 무서운 사회문제를 일으키고 있다.

땀 흘리고 고뇌하며 사는 것보다는 노래나 부르고 춤이나 추면서 즐겁게 한평생을 보낼 수만 있다면 어느 누가 싫다 하랴만, 사람은 누구나 한평생 노래만 부르고 춤이나 추고 나긋나긋한 쾌락에나 빠져서는 결코 그 기간이 길 수는 없다.

그런데도 우리 주변에서는 쾌락과 향락의 그 달콤함에 정신을 빼앗겨 결국은 자신의 귀중한 일생을 망치고 가정을 망치고 자식들의 장래까지 망치는 어리석은 사람들이 늘어나고 있다.

여름 한철 시원한 나무그늘에서 노래만 부르면서 뙤약볕 아래 땀흘려 일하는 개미를 비웃던 배짱이는, 북풍한설 몰아치는 엄동설한에 먹을 것을 동냥질해야 한다는 우화를 모르는 사람은 없다. 그런데도 우리의 주변에는 잠시 잠깐의 쾌락과 향락만이 인생의 전부라고 착각하고, 그 쾌락과 향락을 평생토록 누릴 수 있을 것으로 착각하고 있는 저 어리석은 매미나 배짱이 같은 사람들이 너무나 많다.

"연하의 정부와 살기 위해 남편을 독살."

"춤바람 때문에 가정파탄."

"제비족에게 농락당한 유부녀의 종말."

쾌락과 향락에 놀아난 사람들이 도달하게 되는 곳은 어김없이 눈물이요, 파탄이요, 죽음이요, 비극이요, 죽고 나서도 욕을 먹는 가장 천박한 종점이 있을 뿐인데, 어쩌자고 우리는 이러한 사실을 깨닫지 못하는가?

사람 사는 것은 부처님이 살아계시던 그때나 지금이나 다를 것이 없다. 건물이 바뀌고 무대가 바뀌고 침상이 바뀌었을 뿐, 생각하고 느끼고 욕심내고 빠져들기는 그때나 지금이나 별로 다를 것이 없다.

그래서 부처님은 다음과 같이 쾌락과 향락에 젖지 말라고 일찍이 우리들에게 가르쳐주었다.

향락은 즐겁게 보이지만 사실은 몸을 망치는 것이다.

비유하자면 넝쿨풀의 씨앗이 샤알라나무의 뿌리에 떨어진다
고 하자. 나무는 처음에 걱정했다. 넝쿨풀의 씨앗이 싹트게 되
면 큰일이라고. 그러나 그 나무의 친구들이 위로했다. 걱정할
것 없다. 넝쿨풀의 씨앗은 새가 쪼아먹든가, 염소에게 먹히든
가, 들불에 타든가, 나무꾼이 집어가든가, 개미들에게 실려가든
가 해서 결코 싹트지 못할 것이다.

그러나 그 넝쿨풀의 씨앗은 새에게 먹히지도 않고, 나무꾼의
눈에 띄지도 않고, 들불에 타지도 않고, 개미들에게 실려 가지
도 않고, 봄이 되어 싹이 터서 싱싱하게 자라 넝쿨이 쭉쭉 뻗
어 올라갔다.

그리고 그 넝쿨은 나무를 휘감고 올라가기 시작했다. 그 나
무는 넝쿨이 몸을 휘감는 그 나긋나긋한 촉감에 기분이 좋아졌
다. 그리고 꿈꾸듯 중얼거렸다. 아, 이 나긋나긋한 기분이란!

그런데도 내 친구들은 이 넝쿨이 나를 휘감을 것을 근심하고
걱정하고 위로했었지. 그러나 이 부드러운 넝쿨이 내 몸을 휘
감아주는 이 나긋나긋하고 달콤한 기분은 얼마나 좋은가!

이 나무가 이렇게 쾌락의 즐거움에 젖어 있는 동안에도 넝쿨
풀은 무럭무럭 자라서 점점 억센 가지를 뻗고 더욱더 커져서
결국은 그 나무꼭대기까지 완전히 칭칭 뒤덮어버렸고, 그 무성
한 넝쿨 속에 가려 그 큰 샤알라나무의 가지는 점점 메말라 결
국에는 그 큰 나무가 넝쿨풀 때문에 죽고 말았다.

이와 같이 향락이라는 것은 얼핏 보기에 즐겁고 유쾌한 것 같지만, 사실은 몸을 망치는 것이다.

부처님이 이렇게 가르쳐주신 지 어언 2,500년이 넘는 오랜 세월이 흘렀다. 그러나 그 당시보다도 훨씬 더 개화했고, 그 당시보다 훨씬 더 잘먹고 잘사는 우리가, 그 당시보다도 훨씬 더 많이 배우고 많이 안다는 이 시대의 우리가 하고 사는 모습은 과연 어떠한가?

넝쿨풀과 샤알라나무를 비유하여 가르쳐주신 쾌락과 향락에 대한 가르침은 장구한 세월과 공간을 초월하여 오늘의 우리에게도 어쩌면 이렇게 딱 들어맞는 훌륭한 가르침인가?

부처님이 살아계시던 그 당시의 인도땅에는 물론 캬바레가 없었을 것이고, 나이트클럽도 제비족도 없었을 것이고, 부녀자들의 곗바람·춤바람도 없었을 것이다. 그러나 오늘의 이 나라 이 땅, 우리 주변에는 우리를 유혹하는 넝쿨나무의 쾌락과 향락에 휘말려 나긋나긋한 기분에 몸을 맡기는 가엾은 샤알라나무들이 너무나 많다.

'구경만 하고 오면 되겠지, 설마 어떨라구……'

'딱 한 번인데, 설마 무슨 일이 있을라구……'

'쥐도 새도 모르게 가는데, 누가 알라구……'

이런 어리석은 생각으로 아차 하는 순간에 넝쿨풀의 가지에 몸을 휘감기는 사람은 결코 그 나긋나긋하고 달콤한 기분에서 벗어날 수 없게 된다. 그리고 그 나긋나긋하고 달콤한 기분은 얼마 못 가서 종점에 도달한다. 어김없이 후회와 눈물과 망신과 파탄의 그 종점에 도달한다.

사람이 이 풍진 세상에서 한평생 살아가자면 가만 있어도 쾌
락과 향락의 유혹을 받게 마련이다. 내가 내 몸속에 지니고 있
는 오욕이 살아 있으니까 그 다섯 가지 욕심을 제대로 다스리
지 못하면 우리는 쉽게 저 넝쿨풀의 가지에 휘감기는 신세를
면치 못한다.

지나온 세월이 고달팠으면 고달플수록, 지나온 생활이 괴로
웠으면 괴로울수록, 우리는 저 쾌락과 향락에 몸을 맡기고 싶
어진다. 순간순간 그러한 생각을 안 해본 사람은 아마 없을 것
이다. 그러나 거기서 우리는 잠깐 발을 멈추고 한 가지를 더
상상해 보아야 한다.

넝쿨풀의 쾌락과 향락에 젖어서 나긋나긋하고 달콤한 기분에
빠져 있다가 결국은 말라 비틀어져 죽은 고목의 모습을……
나긋나긋한 기분도 좋고, 달콤한 기분도 좋고, 꿈 같은 순간도
좋다. 그러나 그 후에 닥쳐올 후회와 망신과 눈물과 지탄과 파
탄, 그리고 늙고 병들고 볼품없는 천박한 꼬락서니가 되어 이
땅 어느 구석을 방황하게 될 자신의 모습을 한번 상상해보라.

쾌락과 향락으로 패가망신하고 가정파탄을 일으킨 아버지 어
머니를 요즘 세상에 어느 자식이 부모라고 떠받들고 사람취급
할 것인가? 쾌락과 향락으로 세상의 웃음거리가 된 남자와 여
자를 어느 이웃이 따뜻한 눈으로 보아주겠는가? 쾌락과 향락
에 빠져 밖으로만 나돌면서 범죄를 일으키고 사회악이 되어 버
린 청소년을 어느 누가 반갑게 받아주겠는가?

쾌락과 향락은 한번 빠지면 결코 헤어날 수 없는 죽음의 늪

이요, 파멸의 늪이다. 쾌락과 향락은 한번 **빠**지면 자신을 망치고 가정을 망치고 사회까지 병들게 하는 비극의 늪이요, 망신의 늪이요, 더러운 늪이다.

그래서 우리는 부처님의 가르침을 늘 마음속에 지녀야 한다. 어느 누가 쾌락과 향락쪽으로 가자고 할 때, 우리는 먼저 부처님이 들려주신 '샤알라나무와 넝쿨풀의 이야기'를 떠올려야 한다. 어느 누가 달콤한 말로 우리를 유혹하여 쾌락과 그 즐거움에 젖게 하려 할 때, 우리는 앙상하게 말라 비틀어져 죽은 고목의 신세를 떠올려야 한다.

사업에 실패하여 신세가 처량해지면 동정이라도 받고 가까운 이웃의 도움이라도 받을 수 있지만, 쾌락과 향락에 젖어 패가망신하면 친척과 이웃의 도움은커녕 비웃음과 지탄의 대상밖에 되지 못한다.

도둑질하다 잡힌 도둑놈도 배가 고파서 도둑질한 놈은 정상 참작이라도 받지만, 유흥비를 위해 강도질한 놈은 "공개 처형하라"는 소리가 높아가고 있지 않은가?

우리의 주변에, 나의 주변에 나를 유혹하는 넝쿨풀은 없는가, 다시 한번 살펴볼 일이다.

그대는 누구 덕에 살고 있는가

이 세상 모든 사람들은 저 잘난 맛에 산다고 말한다. 이 세상 모든 사람들은 제 복, 제가 타고 나서 산다고들 말한다. 그리고 이 세상 모든 사람들은 자기에게는 부모 복이 없고 형제 덕이 없고 인덕이 없다고들 흔히 말한다. 또 어떤 사람들은 자기의 지나온 반생을 돌이켜 생각하면서 자기는 평생 남의 덕을 입어본 적이 없고, 남의 도움을 받아본 일이 없는 박복한 사람이라고 한탄하기도 한다.

그러나 이 세상에는 저 혼자 잘나고 저 혼자 똑똑해서, 오늘 이 세상에서 행세하고 이 세상에서 살고 있는 사람은 단 한 사람도 없다. 다시 말해서, 이 세상에 살고 있는 모든 사람은 남의 신세를 지고, 그 덕택에 오늘 숨쉴 수 있는 것이요, 살아있을 수 있는 것이요, 행세할 수 있는 것이다.

오늘 아침에 먹은 밥을 한번 생각해보자. 오늘 아침 내가 먹은 한 그릇의 밥만 하더라도 그 쌀을 내가 직접 농사 지어서,

내가 직접 방아를 찧어, 내가 직접 쌀을 씻고 밥을 지어 먹은 것이 아니다.

쌀 미(米)자를 풀어보면 88(八十八)이 된다. 한 톨의 쌀이 내 입에 들어갈 수 있게 되기까지는 실로 사람의 손이 여든여덟이나 가야 한다는 심오한 뜻이 담겨져 있다. 말하자면 쌀 한 톨도 어떤 다른 사람의 정성 어린 여든여덟 번의 손길 덕택에 비로소 내 입에 들어갈 수가 있다.

어디 쌀뿐이겠는가? 그 쌀을 익히는 데 필요했던 연탄불을 생각해보더라도 내가 직접 1,200미터 지하갱도에 들어가서 석탄을 캐고, 그 석탄을 내가 운반해다가 연탄을 찍어서 내 아궁이에 불을 피운 게 아니다. 이름도 알 수 없고 얼굴도 알 수 없는 어떤 다른 사람의 노력과 정성에 의해 석탄은 캐지고 운반되고 구공탄으로 만들어져서 배달된 덕택에 우리는 편리하게 아궁이에 불을 피울 수가 있다.

어디 연탄뿐이겠는가? 쌀을 씻는 그릇 하나, 솥 하나, 수저 하나, 밥을 담는 그릇 하나 하나도 다른 사람의 정성과 노력에 의해서 만들어진 것이요, 운반된 것이요, 나에게 팔려진 것이니, 우리는 다른 사람의 신세를 지지 않고 다른 사람들의 은혜를 입지 않고는 하루는커녕 단 한 시간도 이 세상에서 살아갈 수가 없다.

우리가 이 세상을 살아가면서 신세를 지고 은혜를 입는 것은 사람에게서뿐만이 아니다. 하루 세 끼 지어 먹는 쌀도 따지고 보면 사람들더러 밥 지어 먹으라고 싹이 트고 자라고 여물이 들고 누렇게 익어주는 게 아니다. 끼니마다 먹는 한 포기의 배추도 사람들더러 칼질을 하고 소금 치고 고춧가루 뿌리고 양념을 해서 김치담아 먹으라고 자라난 게 아니다.

벼는 벼대로, 배추는 배추대로, 무는 무대로, 저 살고 종족 퍼뜨리려고 싹트고 자란 것이지 사람들더러 먹으라고 자란 것은 결코 아니다.

우리가 즐겨 먹는 달걀만 하더라도 닭이 사람들 먹으라고 낳아주는 것은 결코 아니다. 닭은 닭대로 제 삶을 제대로 살고 귀여운 병아리를 까기 위해서 알을 낳는 것이지 사람더러 삶아 먹고 프라이 해먹으라고 또박또박 알을 낳는 것은 아니다.

이렇게 되돌아보면 우리는 이 세상 모든 사람들로부터, 이 세상 모든 생물로부터, 이 세상에 있는 모든 무생물로부터 신세를 지고 있고 은혜를 입고 있다.

아무리 생명이 없는 돌이라고 하더라도, 자갈이라고 하더라도, 모래라고 하더라도 다 그 가치가 있는 것이다. 돌이나 자갈이나 모래가 없다면 과연 어떻게 집을 짓고 살 수 있겠으며, 이 땅 위에 발을 딛고 살아갈 수 있을 것인가?

나무가 서 있는 산을 바라보더라도 이는 마찬가지다. 그 산에 나무가 없으면 사태가 나서 사람이 제대로 살 수가 없다. 그러면 산에 나무만 있으면 되는 것일까? 그 나무가 제대로 뿌리를 뻗고 살기 위해서는 흙이 있어야 하고, 그 흙이 그대로 그 자리에 흙으로 있을 수 있으려면 나무가 있어야 하고, 그 흙을 버텨주는 바위도 있어야 한다. 또한 흙의 표면을 덮어주고 있는 이름 모를 풀도 또 있어야 한다.

이렇듯 이 세상 만물은 무엇이든지 저 혼자 잘나서는 제대로 있을 수가 없다. 그래서 부처님은 "이것이 있으므로 저것이 있고, 저것이 있으므로 이것이 있다"고 가르쳐주었다. 네가 있으므로 내가 있고, 내가 있으므로 네가 있는 것이요, 쌀이 있으므로 사람이 있고, 사람이 있으므로 쌀이 있으며, 흙이 있으므로 나무가 있고, 나무가 있으므로 흙이 있는 것이지 흙 따로, 사람 따로, 벼 따로, 나무 따로 있을 수는 없다.

그래서 부처님은 이 세상 모든 중생들의 은혜를 잊지 말라고 가르치셨고, 그래서 부처님은 이 세상에 살고 있는 모든 중생의 생명을 죽이지 말라고 가르치셨다.

어떤 사람은 저 혼자 잘나고, 저 혼자 똑똑하고, 저 혼자 유능해서 수출실적도 많이 올리고 훈장도 받는 줄 착각하고 있지만, 그 사람이 좋은 실적을 올려 훈장을 받게 되기까지에는 밤잠을 덜 잔 근로자의 노력과 정성이 있었고, 그 근로자를 정성껏 보살피고 도와준 가족들의 정성과 노력이 있었고, 그 근로자가 병이 들었을 때 정성껏 치료해 준 의사의 노고도 있어야 했고, 그 근로자를 제시간에 출근할 수 있도록 태워다 준 버스 운전기사의 정성과 노력도 깃들어 있었다.

이렇게 세상만사를 조금만 깊이 들여다보고 생각해보면 우리는 이 세상 모든 사람들에게 직접 간접으로 신세를 지지 않은 사람은 없고 은혜를 입지 않은 사람이 없다. 그리고 우리는 누구나 이 세상에 살아있던 모든 생물, 살아있는 모든 식물과 동물, 이름 모를 풀에 이르기까지 알게 모르게 신세를 지지 않은 것이 없고 은혜를 입지 않은 것이 없다. 생명이 없는 것처럼 보이는 돌 하나, 모래 한 줌, 석탄 한 덩이, 그 밖에 쇠, 알루미

뉴, 광물과 화학물질, 어느 것 하나 고맙지 않은 것이 없고 은혜를 입지 않은 것이 없다.

그래서 부처님께서는 이 세상 만물을, 이 세상 모든 중생을 자비의 눈으로 보라고 가르치셨다. 그리고 내가 이 세상에 태어나서 한평생 살다가 가는 그 동안에 이 세상 모든 중생들로부터 입은 은혜를 결코 잊어서는 안 된다고 가르치셨다.

이 세상 모든 사람들로부터 입은 신세와 은혜, 이 세상 모든 생물로부터 입은 신세와 은혜, 그 헤아릴 길 없는 무량한 은혜를 우리는 어떻게 해야 제대로 갚는 것일까?

그것은 한마디로 착한 일 많이 하고 악한 일 하지 말라는 부처님 가르침대로 사는 일이다. 착한 일을 많이 하고 악한 일을 하지 말라는 것쯤이야 세 살 먹은 어린아이들도 다 아는 일이지만 제대로 알고 실천에 옮기기는 쉽지 않다.

불교는 어렵다고들 말하고 있지만 사실은 불교의 가르침이란 착한 일을 많이 하고 악한 일을 하지 말라는 한마디 말로 표현할 수도 있다. 내가 이 세상에 태어나서 오늘까지 수많은 중생들로부터 입은 신세와 은혜를 갚는 길은 착한 일 많이 하고 악한 일 하지 않는 것, 바로 그것이다. 그것이 바로 사람이 사람답게 사는 길이요, 열반에 이르는 길이요, 부처가 되는 길이요, 불국토를 만드는 일이요, 우리가 살고 있는 바로 이 세상을 극락세계로 만드는 일이다.

살기가 좀 나아졌지만

지금으로부터 30년 전에만 해도 쌀밥을 먹고 사는 사람들은 극소수였고, 하루 세 끼나마 제대로 찾아먹고 사는 사람들은 부자에 속했다.

내가 초등학교에 다닐 때만 해도 추석이나 설날에 어쩌다 검정고무신 한 켤레를 얻어 신을 수 있었고, 아이들은 그 귀하고 소중한 고무신을 보물단지 위하듯 했고, 남들이 보는 데서는 신고 걸었지만 남들이 안 보는 곳에서는 고무신을 벗어들고 맨발로 걷기까지 했다. 그러니 어쩌다 운동화를 신고 오는 아이가 있으면 그 아이와 그 아이가 신은 운동화는 그야말로 부러움의 표적이 되었다.

입고 있던 옷은 또 어떠했던가? 동지섣달 긴긴 밤에 어머니가 베틀에 올라앉아 손수 짠 무명베옷에 꿰매고 또 꿰맨 헌 내복을 걸칠 수 있으면 그것만도 다행이었다. 좀 가난한 집 아이들은 그 추운 겨울에도 내복 한번 입지 못한 채 겨울을 견뎌내야 했는데, 아이들은 곧잘 맨살에 겉옷만 걸친 아이들에게 '만년 샤쓰'를 입었다고 말하면서 웃곤 했다.

먹는 것 입는 것이 이 지경이었으니 아이들의 장난감이 뭐한 가지 있었을 것인가? 사내 아이들이 즐길 수 있는 놀이란 고작해서 제기차기·팽이치기·연날리기·자치기요, 여자 아이들이 즐길 수 있는 것은 고무줄넘기·땅밟기·숨바꼭질이 고작이었다. 그러니 그때만 해도 인형이나 장난감 같은 것은 상상조차 해볼 수가 없었다.

어쩌다 어른들이 장터 출입이라도 하고 오시면서 망설이고 망설이다 큰마음 먹고 사다주신 눈깔사탕 한 알을 얻어 입에 넣고 아까워서 굴리고 굴리다보면 입안이 온통 벗겨지던 그때의 그 기억을 50대 이상의 어른들은 모두 다 간직하고 있으리라.

6·25전쟁이 할퀴고 지나간 1950년대의 삶은 그야말로 헐벗음과 굶주림의 연속이었고, 비참한 인고의 세월이었다. 5센티미터가 될까말까한 몽당연필을 손가락 끝에 힘주어 쥐고 거무칙칙한 공책에 글씨를 쓰다가 틀리기라도 하면 지우개조차 없어서 손가락 끝에 침을 발라 문지르다가 공책이 찢어지면 얼마나 난감했던가?

그때로부터 40여 년의 세월이 흘러간 오늘 세상은 참 많이도 변했고 눈부시게도 발전했다. 이제는 어느 농촌, 어느 어촌, 어느 산골에 가도 소나무껍질을 벗겨 허기를 채우는 아이들은 없고, 맨발로 학교에 다니는 아이들도 없고, 엄동설한에 내복을 못 입는 아이들도 없다.

아직은 모든 사람들이 골고루 다 잘사는 그런 세상은 아니라서 셋방살이를 하는 사람이 있고, 막노동을 하는 사람도 있고, 노점행상을 하는 사람도 있기는 하지만, 그래도 40여 년 전처럼 헐벗고 굶주림에 지쳐서 허우적거리는 사람은 없어졌다.

이제는 몽당연필을 대롱에 끼워서 쓰는 아이도 구경하기 힘들고, 지우개가 없어서 손가락 끝에 침을 발라 문지르는 아이도 없다. 양잿물을 섞어서 만든 그 눈깔사탕을 먹고 입안이 벗겨지는 일도 없고, 군것질로 생쌀을 먹는 아이도 없다.

이제 웬만한 집 아이들은 우유를 마시고, 요구르트를 마시고, 아이스크림을 사시사철 즐기고, 햄버거·핫도그·소시지를 입맛에 따라 골라먹는 세상이 되었고, 냉장고를 제멋대로 열어 마시고 싶은 음료수를 골라서 마시는 세상이 되었다. 이제 우리나라에서는 고무신을 신고 학교에 가는 아이는 눈을 씻고 찾아볼래야 찾아볼 수 없게 되었고, 보자기에 책을 싸들고 다니는 아이도 구경하기 힘들게 되었다.

굶주림에 지쳐 누렇게 부황든 얼굴도 구경할 수 없게 되었고, 아이들의 얼굴은 영양이 넘쳐 오히려 과잉상태를 걱정해야 할 지경이 되었다.

40여 년 전의 아이들에 비하면 실로 지금의 아이들은 극락에서 살고 있는 듯한 감이 들 정도로 오늘은 '아이들의 천국'시대를 방불케 하고 있다.

그러나 배고픔의 설움을 겪어본 일이 없고, 헐벗음의 슬픔을 맛보지 못한 아이들에게서 걱정스런 현상들이 일어나고 있다. 먹고 싶다면 금방 사먹이고, 입고 싶다면 금방 사입히고, 갖고 싶다면 금방 사주는 부모들의 과잉보호와 과잉애정 밑에서 자라는 아이들이 먹을 것, 입을 것을 비롯한 모든 물건들에 대해서 귀하고 소중함을 전혀 느끼지 못하고 있다.

멀쩡한 공책도 쓰다가 버리는가 하면, 반도 덜 쓴 연필·색연필을 아까운 생각도 없이 쓰레기통에 던지고, 지우개쯤이야 아무렇게나 굴러다니다가 없어져도 왼 눈 하나 깜짝하지 않는다. 책가방을 학교에서 잃어버리고도 찾을 생각을 하지 않고, 학교 수돗가에 풀어놓고 깜박 잊어버린 시계도 찾을 생각을 하지 않는다. 초등학교나 중학교 양호실이나 서무실에 학생들의 분실물을 모아놓고 찾아가기를 기다리지만 아이들은 도무지 찾아가지를 않는다는 신문기사는 우리에게 무엇을 말해주고 있는가? 우산을 잃어버려도 찾을 생각을 않고, 심지어는 옷을 잃어버려도 대수롭지 않게 여기고 시계나 라디오를 잃어버리고도 발벗고 찾을 생각을 하지 않는다. 부모에게 사달라면 새것을 금방 사주기 때문에 구태여 헌것을 애써 찾으려 하지 않는다는 것이다.

연필 한 자루만 잃어버려도 두 눈이 퉁퉁 붓도록 울면서 헤매던 옛날 아이들에 비하면 실로 격세지감이 있다. 그만큼 요즘 아이들은 물질의 풍요에 젖어 그 물질의 소중함을 제대로 알지 못한다.

한 잔의 우유를 생산하기 위해서 농민이 얼마나 많은 땀을 흘려야 하고, 얼마나 많은 사람의 노력이 기울여졌는지 요즘 아이들은 전혀 알려고도 하지 않는다. 단 한 톨의 쌀을 위해서 이른봄부터 가을까지 농민들의 고생이 어떠했는가를 요즘 아이들은 알려고도 하지 않는다. 한 장의 연탄을 캐내기 위하여 광부들이 1,200미터 이하의 땅속에 들어가서 목숨을 걸고 고생하는 것에 대해서 관심조차 갖지 않는다. 그저 무엇이든 사달라고만 하면 간단히 해결되므로 무엇 하나 귀한 줄을 모르고 있다.

그러나 이 세상에는 오늘도 굶주려서 죽어가고 있는 사람이 수만 명에 이르고 있고, 몇 년째 계속된 가뭄으로 한 잔의 물을 얻어마시기 위해 길고 긴 차례를 기다리고 있는 사람이 수십만 명에 이르고 있는가 하면, 옷 한번 제대로 못 입고 사는 사람도 수없이 많다.

경제가 좀 발전했다고 해서, 먹을 것이 좀 여유있다고 해서, 낭비가 미덕인 줄 착각한다면 이것은 정말 큰일이다. 연필 한 자루, 지우개 하나, 종이 한 장도 값있게 쓰고 제대로 쓰고 아껴서 쓸 줄 알아야, 개인의 삶도, 나라의 삶도 풍요를 계속 누릴 수 있다.

옛날 부처님이 살아계실 때, 부처님은 제자들에게 얼마나 근검절약을 철저히 가르쳤는지 모른다.

부처님이 제자들과 함께 '코오삼비' 나라에 계실 때 왕후가 옷 500벌을 아난다에게 공양한 적이 있었다. 이에 왕이 아난다를 불러 이렇게 물었다.

"대덕이여. 사마나로서 너무 많은 공양을 받는 것은 너무 욕심이 지나친 것 아닌가? 그처럼 많은 옷을 어떻게 할 셈인가?"

"대왕이시여. 옷이 헤어진 비구들에게 나누어줄 것이오."

"그럼 그들이 입고 있던 헌 옷은 무엇에 쓰오?"

"헌 옷은 좌상의 덮개로 쓸 겁니다."

"그럼 헌 좌상 덮개는 어떻게 할 겁니까?"

"헌 덮개는 베개주머니로 쓸 겁니다."

"그럼 헌 베개주머니는 어디다 쓸 거요?

"헌 베개주머니는 자리깔개로 쓸 겁니다."

"그럼 헌 자리깔개는 무엇에 쓰오?"

"헌 자리깔개는 발걸레로 쓸 겁니다."

"그럼 헌 발걸레는 어디다 쓰오?"

"헌 발걸레는 그냥 걸레로 쓸 겁니다."

"그럼 헌 걸레는 무엇에 쓰오?"

"헌 걸레는 잘게 썰어서 진흙에 섞어 벽 바르는 데 씁니다."

"과연 부처님 제자들은 물건을 잘 아껴서 쓰고 있구려."

근검절약도 이 정도면 가히 극치라고 할 만큼 부처님은 어떤 물건이든 귀하고 소중함을 알라고 가르치셨다.

그러나 오늘 우리들의 가정, 우리들의 직장, 우리들의 사회에서는 근검절약의 미덕은 점점 사라져가고 사치와 허영과 낭비가 전염병처럼 번져가고 있다.

몇십만 원짜리의 한 끼 식사, 몇만 원짜리의 목욕, 몇십만 원짜리의 하룻밤 잠자리, 몇백만 원짜리의 옷 한 벌……. 이토록 사치와 허영과 과소비가 번져가다가는 물건 귀한 줄 모르고 자라는 이 다음 세대에 가서 과연 어떻게 그 무한정의 풍요를 누릴 수 있을 것인가.

　먹고 싶을 때 한 번은 참을 줄 알아야 하고, 갖고 싶을 때 두 번은 참아야 하고, 입고 싶을 때 열 번은 참을 줄 알아야 어떤 재난, 어떤 어려움을 당해도 굳건히 버틸 수 있을 것이다.

기쁜 일도, 슬픈 일도

나이 60을 바라보도록 세상 살아왔는데도 나는 아직 세상 사는 법을 제대로 모른다. 그동안 정말 헤아릴 수 없이 많은 책을 읽었고, 헤아릴 수 없을 만큼 많은 이야기를 들었고, 헤아릴 수 없을 만큼 많은 시간을 생각에 잠기기도 했지만, 진정 나는 아직 인생이 무엇인지 알지 못한다.

아니, 인생이 무엇인지 알지 못하는 정도가 아니라 "왜 사느냐?"고 누가 나에게 묻는다면 나는 아직 대답할 말을 모른다. 다만 나는 언젠가 읽은 기억이 있는 이름조차 잊어버린 어느 시인의 시구가 떠오르곤 한다.

왜 사느냐고
누가 나에게 물으면,
나는 그냥
빙그레 웃지요.

아무리 곰곰이 생각해보아도 나는 정말 딱 꼬집어서 왜 살아왔는지, 왜 살고 있는지, 한마디로 시원하게 말할 자신이 없다. 돈을 벌기 위해서 살아온 것 같지는 않고, 출세를 위해서 살아온 기억은 전혀 없고, 조국과 민족을 위해서 살아온 것은 더더구나 아니고, 사랑을 위해서 살아온 것도 아니다. 또 그렇다고 해서 아내와 자식들을 위해서 살아왔다고 자부할 만큼 처자식들을 호강시키지도 못했고, 내 모든 것을 완전히 바치지도 못했으니 처와 자식들을 위해 살아왔다고는 말할 염치도 없다.

그렇다면 나는 과연 무엇을 위해서, 왜 살아왔을까? 아무리 어거지로 대답을 해보려고 해도 여전히 대답은 궁할 수밖에 없다. 나이 60을 바라보는 나이에, 이제 와서 생각해보면 나는 정말 헛세상을 살아온 게 아닌가 하는 처량한 기분에 빠지게 된다.

그러면 나는 오직 한 번뿐인 이 소중한 인생을 왜 이렇게 허망하게 살게 되었을까?

이제 와서 돌이켜 생각해보니, 그동안 나는 모든 일에 너무 허둥대며 살아온 게 아닌가 하는 자괴심(自愧心)과 함께 한숨이 저절로 나온다. 조금만 슬픈 일을 당해도 마음이 아파서 견디질 못했고, 조금만 분한 일을 당해도 참아내지 못했고, 하찮은 불행을 만나도 낙담부터 했고, 서푼짜리 쾌락에 몸을 맡기기도 했고, 내 주변에 있는 보통 사람들이 흔히 그렇듯이 매사에 너무 허둥대며 즉각적인 반응만을 되풀이하면서 살아온 것 같다.

세상만사 그러려니……. 겨울이 가면 봄이 오듯이, 봄이 오면 꽃이 피고, 가을이 오면 낙엽이 지고, 그 가을이 가면 또 겨울이 오듯이, 사람 사는 거 으레 그러려니 하고 사는 지혜를 일찍이 터득했더라면 나는 내가 왜 살아왔는지에 대해서 분명한 대답을 할 수가 있었을 것이다.

그러나 나를 포함한 보통 사람들은 '세상만사 그러려니……' 하면서 여유있게 살지를 못한다. 조금만 좋은 일이 생기면 좋아서 어쩔 줄 모르고, 조금만 언짢은 일이 생기면 한숨부터 내쉰다. 매일처럼 만나고 당하고 겪는 일에 따라 때로는 열광하고, 때로는 분노하고, 때로는 비통해 하면서 귀중한 인생의 하루하루를 무엇을 위해 보내는지도 모른 채 허비하고 있다.

그러나 세상만사 지내놓고 보면, 나에게 일어났던 일들 가운데서 어떤 일이 좋은 일이었고 어떤 일이 나쁜 일이었는지 알다가도 모를 일이 바로 이 인생이 아닌가 싶다.

뼈저리게 느꼈던 배고픔과 가난도 지내놓고 보니 나에겐 소중한 재산이 되어 주었고, 잘된 일이라고 기뻐 어쩔 줄 몰랐던 일이 나중에는 화근이 되어 버린 경우도 수없이 많았다. 그러고 보면 "세상만사 새옹지마(世上萬事 塞翁之馬)"라는 옛말이 어쩌면 이렇게도 들어맞을까 탄복하곤 한다.

 옛날 중국의 변방 가까이에 점을 잘 치는 노인이 살고 있었다. 어느날 이 점장이 노인의 유일한 재산이었던 말 한 마리가 까닭 없이 오랑캐 땅으로 도망쳐 버렸다. 유일한 교통수단이요, 운반수단이었던 말이 없어져 버렸으니 그 노인은 이제 꼼짝할 수 없게 되었다. 이웃 사람들이 찾아와서 노인을 위로했다.

"말 한 마리 있던 게 없어져 버렸으니 정말 안되셨습니다."

그러나 그 노인은 오히려 담담한 얼굴로 이렇게 말했다.

"이게 오히려 복이 될지도 알 수 없는 일이지요."

그러고 며칠이 지났는데, 과연 그 노인의 말대로 도망쳤던 말이 멋진 배필을 구해 돌아왔다. 노인은 이제 한 마리의 말이 아니라 두 마리의 말을 갖게 되었다. 이웃 사람들이 몰려와서 축하했다.

"세상에 도망쳤던 말이 오히려 말 한 마리를 데리고 돌아왔으니 이거야말로 운수대통이로군요. 정말 좋으시겠어요."

그러나 노인은 또 담담하게 말했다.

"글쎄요, 이게 또 화가 될지 누가 알겠습니까……."

도망쳤던 말은 돌아왔고 거기다 또 새 말이 하나 더 늘었는데도 노인은 별로 좋아하지 않았다.

그 후 노인은 짝을 맞춘 말들이 계속 새끼를 낳아 부자가 되었다. 노인에겐 아들이 하나 있었는데 말이 늘어나자 말타기를 즐기게 되었고, 말타고 즐기다가 하루는 말에서 굴러떨어져 다리가 부러졌다. 결국 말 때문에 노인의 아들은 절름발이가 되어 버렸다. 이웃 사람들이 몰려와서 노인을 위로했다.

"아드님이 불구자가 됐으니 얼마나 마음이 아프시겠습니까?"

그러나 노인은 또 담당하게 말할 뿐 슬퍼하지도 안타까워하지도 않았다.

"자식이 절름발이가 되긴 했지만, 이게 또 오히려 잘된 일인지도 모르지요."

그런 일이 있은 지 얼마 후, 초나라 군사가 성으로 쳐들어왔다. 그래서 온 마을 젊은이들이 무기를 들고 싸움터로 나가 처

절하게 싸웠으나 열 명 가운데 아홉은 모두 전사했다. 그러나
그 노인의 아들은 불구자였기 때문에 싸움터에 나가지 않았고
노인을 모시고 오래오래 살 수 있었다.

《회남자》에 적혀 있는 이 옛날 이야기에서 생긴 말이 바로
'세상만사 새옹지마'라는 명언인데, 세상만사 지내놓고 보면 복
이 흉 되는 수도 있고 흉이 복 되는 수도 있고 출세한 게 오히
려 화근이 되는 수도 있고, 출세 못한 게 오히려 복이 되는 수
도 있다는 오묘한 인생살이를 가르쳐주고 있다.

오늘 좀 고달프더라도 슬퍼할 필요는 없다. 오늘 좀 배고프
고 곤궁하더라도 절망할 필요는 없다. 밤이 지나가면 새벽이
오고 해가 지면 캄캄한 밤이 오듯이, 인생살이의 길흉은 동전
의 양면과 같은 것. 행복과 불행의 오감도 그와 같으려니……

아무리 인생길이 고달프더라도 '세상만사 새옹지마'라는 걸
잊지 않는다면 우리는 훨씬 더 여유로운 눈으로 세상을 바라보
고 나에게 다가오는 세상만사를 여유로운 마음으로 만날 수 있
을 것이다. 부처님께서도 일찍이 《법구경》을 통해 우리들에게
다음과 같이 가르쳐주었다.

승리는 원한을 가져오고
패한 사람은 괴로워 누워 있다.
이기고 지는 마음
모두 떠나서
다툼이 없으면 스스로 편안하다.

정말 그렇다. 오늘 이겼다고 우쭐대고 오늘 성공했다고 으시대면 거기엔 반드시 원한이 따르고, 원한에 사무친 패자의 칼날이 번뜩이게 된다.

오늘 졌노라고 자탄하고 오늘 실패했다고 절망하면 괴로움의 깊이는 갈수록 깊어진다. 지나간 1년 열두 달, 별로 이루어놓은 것 없이 또 한 살의 나이를 먹게 되었다고 한탄할 것은 없다. 지난 1년 동안 무엇이 좀 잘 되었다고 해서 기쁨에 날뛰거나 으시댈 것도 없다.

비통한 일이 생겼다고
슬퍼하지 말라.
기쁜 일이 생겼다고
날뛰지 말라.
슬픈 일도, 기쁜 일도
잠시 지나갈 뿐,
일어난 모든 일은
무상한 것.
영원히 그대로 머무는 것은
아무것도 없느니…….

사람으로 태어난 행복

　나는 불교학자가 아니다. 나는 또한 삭발 출가해서 수행을 한 적도 없다. 나는 그저 평범한 보통 사람이요, 아내와 자식을 거느린 가장이다. 어느 법회에서나 만날 수 있고 어떤 사찰에서나 만날 수 있는 평범한 불교신도와 조금도 다름이 없는 그저 그런 보통 사람이다. 좀 다른 점이 있다면 내 방에 불단을 모셔놓고 아침 저녁 예불을 드리는 점이라고나 할까.

　나는 부처님께 돈 많이 벌게 해달라고 기도한 적이 없다. 나는 부처님께 출세하게 해달라고 빈 적도 없다. 내 아이들이 공부를 뛰어나게 잘해서 좋은 대학에 합격하게 해달라고 기도한 일이 없다.

　나는 아침마다 기도드릴 때, 크고 작은 잘못을 저지르고 이 세상을 떠나셨을지도 모르는 나의 조상님들과 일가친척들이 행여라도 저 세상에서 고통을 받고 있다면, 이제라도 부처님 말씀을 듣고 지혜의 눈을 떠서 왕생하도록 도와줍소사 하고 기도를 드린다.

그리고 나의 조상님들과 일가친척, 평생토록 고생만 하시다 돌아가신 나의 부모님이 다시 이 세상에 사람으로 태어나시기를 늘 빌고 있다. 인생이 아무리 괴로움의 바다라고는 하지만 이 세상에 사람으로 태어난 것이 즐겁기 때문이다.

벼나 배추나 무로 태어나지 않고, 소나 말이나 개나 돼지로 태어나지 않고, 사람으로 태어났다는 이 사실 한 가지만으로도 우리는 정말 얼마나 많은 복을 받은 것인가? 내가 만일 사람으로 태어나지 않고 소나 돼지나 개로 태어났다면 그보다도 더 흉칙스러운 다른 동물로 태어났다면 그것은 정말 생각만 해도 아찔한 일이 아니겠는가!

그래서 나는 나를 사람으로 태어나게 해주신 부모님과 조상님들과 그 밖의 모든 인연에 늘 감사드린다. 그리고 나는 늘 기도드린다. 나와 내 가족과 내 이웃들이 건강하고 지혜롭게 살게 되기를, 그리고 가난과 고통에 허덕이는 나의 수많은 이웃들이 그 괴로움의 바다에서 헤어날 수 있기를.

나는 그동안 취재를 위하여 몇 차례에 걸쳐 여러 나라를 돌아 본 일이 있었다. 그리고 나서는 나는 늘 대한민국에 태어나기를 정말 잘했다는 생각이 들었다.

봄, 여름, 가을, 겨울, 우리의 사계절이 얼마나 좋은가! 방탄유리로 막은 미국의 택시를 타고 달려보면 그래도 한국이 얼마나 살기 좋은 나라이며, 한국 사람들이 얼마나 착한 사람들인가 실감할 수 있었다. 냄새 나고 더럽고 지저분하고, 페인트로 칠한 그림이 꽉 차게 그려진 미국의 지하철을 타보면서 아, 한국이 얼마나 양반나라이고 이 땅의 백성들이 얼마나 깨끗하고 멋진 사람들인가 실감할 수 있었다. 그래서 나는 지상의 낙원이라는 미국보다도 내가 태어난 한국이 바로 지상의 낙원이라는 생각을 굳히게 되었다.

그 다음으로 나는 부잣집 아들로 태어나지 않고, 보통 사람의 아들로 태어나서 보통 사람이 겪는 가난과 굶주림과 쪼들림과 단칸 셋방살이의 설움을 겪으며 자랄 수 있었던 것을 감사드린다. 못된 재벌의 아들로 태어나서 칠공자(七公子) 축에 끼여 질탕하게 돈을 뿌리고 다니며 온갖 엽색행각이나 벌이고 다니는 얼빠진 녀석들보다야 내가 얼마나 더 당당하고 값진 삶을 살고 있는가? 그래서 나는 가난한 집 자식으로 태어난 것을 감사드린다.

그리고 무엇보다도 나는 부처님 법을 알게 된 것을 감사드린다. 가난과 절망, 실의와 방황의 계절에 나를 붙들어준 부처님 말씀, 나에게 제정신을 찾도록 깨우쳐주신 부처님 말씀, 하마터면 엉뚱한 인생을 살았을 나에게 제대로 사는 길을 열어주신 부처님 말씀. 나는 그 말씀을 들을 수 있었던 덕분에 오늘 이렇게 살 수 있다. 그래서 나는 그 은혜에 보답하려고 잘 쓰지도 못하는 글이지만 부처님 말씀을 전하는 일이라면 열심히 쓰고, 말재주도 없고 아는 것도 없지만 어떤 법회에서든 이야기를 해달라면 사양하지 않았다. 부처님 말씀을 만날 수 있었던 나의 기쁨을 다른 사람에게 전해주고 싶은 욕심 때문이었다.

그런데 안타까운 일은 많은 불교신도들이 다른 종교의 신자들보다도 당당하게 "불교를 믿는다"고 말하지 못하는 점이었다.

초등학교와 중고등학교에서도 아이들이 "불교를 믿는다"는 소리를 하지 못하고 기가 죽어 있다는 서글픈 이야기를 들을 때마다 나는 땅을 치고 싶은 심정이었다. 그래서 나는 도대체 어떤 차이가 있기에 불교신도들은 이렇게 맥이 없는가를 따져 보자는 생각으로 불경과 성경을 비교해서 읽어보기 시작했다.

그리고는 까무러칠 정도로 깜짝 놀랄 일을 발견하게 되었다. 그것은 불경에 수록되어 있는 부처님의 말씀이 기독교의 성경에 비슷하게 변형되어 실려 있는 것이 너무나 많았기 때문이었다.

예수님이 이 세상에 태어나기 544년 전에 이미 석가모니 부처님께서는 이 세상에 다녀가셨고, 예수님이 이 세상에 태어나기 480년 전에 편찬된 불경이고 그보다 500년 훨씬 후에야 편찬된 성경인데, 어떻게 해서 불경에 실려 있는 내용이 성경에도 비슷하게 실려 있을 수 있는가? 더더구나 한두 대목이 비슷한 게 아니요, 수많은 가르침이 똑같이 실려 있는 데는 아연하지 않을 수 없었다.

나는 실력이 모자란 대로 이 엄청난 사실을 사실 그대로 엮어 비슷한 대목을 한눈에 알아볼 수 있도록 비교해서 한 권의 책을 펴내기로 했다.

학교에서 선생님이 "불교 믿는 사람 손 들어봐요" 했을 때 자신있게 손을 들지 못한다는 우리들의 아이들을 위해서, 나는 기어이 이 사실을 책으로 펴내서 기독교의 성경과 불교의 불경에 왜 이렇게 비슷한 대목이 많은가, 스스로 읽고 스스로 판단해서 과연 어느 쪽이 경전을 베껴갔는가, 아이들 스스로 판결을 내려 앞으로는 당당하게 손을 들 수 있도록 해주고 싶은 마음이었다.

　초등학생이든 중고등학생이든 대학생이든 《불경과　성경》을
한번 읽고 나면 아이들은 자신있게 "불교 배우기를 정말 잘했
다"는 나의 기쁨을 저희들도 똑같이 느끼게 되리라.

　그리하여 언제 어디서 누가 물어봐도 "저는 불교를 믿습니
다" 하고 씩씩하고 당당하게 대답할 수 있게 된다면 그 얼마나
좋은 일이겠는가. 그리고 서양 종교를 믿는 사람도 불교경전에
담긴 지혜를 인정하고 '불교는 우상숭배'라는 무식한 소리를 하
지 않게 된다면 그 얼마나 좋은 일일까.

자기 조상을 지옥에 보내는 사람들

　서양사람들의 유머에 이런 것이 있다.

　백인 선교사가 기독교를 포교하기 위해 아프리카에 들어갔다. 선교사는 흑인 추장을 만나 열심히 선교활동을 편 뒤, 추장과 마주 앉아 기도를 드리자고 권했다.

　그때, 선교사 앞에는 성경이 놓여 있었고, 추장 앞에는 광활한 영토가 놓여 있었다.

　"하늘에 계신 아버지……" 어쩌고 하는 선교사의 기도가 끝났을 때, 추장 앞에는 성경이 놓여 있었고, 선교사 앞에는 광활한 영토가 놓여 있었다.

　이 유머는 서양의 종교가 서양 사람들의 식민지 점령에 어떻게 이용되었는가를 꼬집는 무서운 비판을 담고 있다. 굳이 이 유머를 예로 들지 않더라도 서양의 역사는 투쟁과 전쟁과 점령과 착취의 역사라고 해도 과언이 아니다.

　서양사람들은 입으로는 사랑을 늘어놓고 평화를 내세우면서도 늘 칼과 창과 총으로 투쟁을 일삼았고, 점령을 일삼았고, 전쟁을 일으켰으며, 원주민들을 무력으로 위협하여 식민지를 거느렸으며, 식민지 원주민들을 노예처럼 부려먹고 착취를 일삼았다. 영국·프랑스·독일·포르투갈·스페인·네덜란드, 그들은 순박한 원주민이 살고 있는 나라를 무력으로 점령, 식민지로 만들어 그들의 이익만을 무자비하게 챙겨먹었다.

인도가 영국의 식민지였고, 베트남이 프랑스의 식민지였고, 인도네시아가 네덜란드의 식민지였고, 오스트레일리아가 영국의 식민지였으며, 아프리카를 프랑스·영국·미국이 식민지로 나눠먹었던 것은 이미 널리 알려진 사실이다.

미국은 미국대로 하와이·괌·사이판 등 태평양 바다 위에 떠있는 크고 작은 섬들을 아예 자기 것으로 만들어 버리는 데 성공했고, 애당초에는 200만 명 이상으로 추산되는 원주민 몽골리언들이 살고 있던 북미대륙을 총칼로 점령, 이른바 인디언들을 대량 살육하고 그 땅을 통째로 빼앗아 미국이라는 나라를 건설했다.

인디언들을 그렇게 대량 살육하고 그 드넓은 땅을 송두리째 빼앗은 미국사람들은 그 다음 무슨 짓을 했던가? 그들은 아프리카로 가서 사람 사냥을 시작했다. 아프리카 흑인들을 총칼로 위협해서 발에 쇠고랑을 채워 배로 실어다가 노예로 부려먹고 팔아먹은 것은 쿤타킨테의 이야기를 엮은 소설 《뿌리》에서도 여실히 폭로되고 있다.

스페인 사람들과 포르투갈 사람들은 중남미 대륙을 무력으로 점령, 현지에서 자자손손 대를 이어오던 원주민들을 인디오라

이름 지어놓고 무차별 살육, 오늘의 멕시코·브라질·아르헨티나·칠레 등을 건설했다.

한마디로 해서 서양사람들이 진출한 곳에서는 어김없이 전쟁과 방화와 살육이 자행되었다. 영국인이건 프랑스이건 스페인인이건 포르투갈인이건, 그들은 어김없이 평화롭게 살던 원주민을 학살했고 총칼로 위협했고 땅을 빼앗았으며 재물을 빼앗아갔다. 다른 점이 있다면 그들이 믿는 종교가 구교냐 신교냐하는 차이였다.

이렇듯 서양사람들이 가는 곳에는 으레 원주민들이 엄청난 피를 흘리지 않으면 안 되었다. 그러면서도 그들 서양사람들은 자유와 평화와 사랑을 부르짖고 외쳐댔다.

오늘날의 세계를 돌아보아도, 서양 사람들과 서양 종교가 얼마나 공격적이고 투쟁적이며 피를 부르는가를 여실히 알 수 있다.

이스라엘과 아랍국가들끼리의 전쟁도 종교전쟁이다. 이란과 이라크의 전쟁도 같은 회교국이면서도 종파가 다르기 때문에 빚어진 종교전쟁이다. 인도의 시크교도와 힌두교도와 회교도의 싸움도 어김없는 종교전쟁이다. 베이루트의 경우는 어떠한가? 기독교 민병대와 회교 민병대가 철천지원수의 전쟁을 밤낮없이 계속하고 있는가 하면, 영국 에이레에서도 끊임없는 개신교와 구교의 분쟁이 일어나고 있고, 보스니아에서도 기독교와 회교가 살육전을 벌였다.

역사를 거슬러올라가 십자군전쟁까지 들먹이지 않더라도, 서양의 역사는 종교를 앞세운 전쟁과 살육과 점령과 착취의 역사였음이 그대로 드러나고 있다.

한마디로 서양인들은 동물적이요, 그만큼 공격적이었던 데 반해, 우리 동양인들은 식물적이요 수동적이었다. 동양인들이 유교나 불교나 도교를 앞세워 그 종교를 믿지 않는다는 이유로 다른 나라를 침략하고 점령하여 식민지로 만든 역사는 단 한 번도 없었다.

그렇다면 동양인들은 왜 식물처럼 순하디 순하게만 살아왔는 데, 서양 사람들은 동물적으로 공격하고 죽이고 빼앗으며 살게 되었을까? 그 이유는 민족의 특성, 생활습속의 차이, 지리적 영향 등 여러 가지가 있을 수 있을 것이다. 그러나 어떤 학자 들은 서양사람들의 동물적이고 공격적인 삶의 방식은 육식을 하는 데서 비롯되었다고 지적하고 있다. 육식을 하면 그만큼 사람의 품성이 잔인해지고 공격적이 된다는 학설이 있다.

고기를 먹자면 자연히 짐승을 죽여야 되고, 짐승을 수시로 죽이다보니 자연히 목숨을 죽이는 일 자체가 평범한 일로 여겨 져 나중에는 사람을 죽이는 일마저도 눈 하나 깜짝 하지 않고 태연히 저지를 수 있게 된다는 주장이다.

말하자면 사람이 살아가는 데 가장 절박한 식생활에서 그 사 람이 무엇을 먹느냐에 따라 그 사람의 성격, 그 사람의 품성이 결정적으로 영향을 받는다는 것이다.

그러므로 육식을 위주로 하고 있는 서양사람들이 동양사람들 보다도 훨씬 잔인하고 공격적이며 전쟁을 자주 일으키는 것은 당연하다는 주장이다.

부처님께서는 일찍이 사람들에게 산 목숨을 함부로 죽이지 말라고 가르치셨다. 그리고 비구들에게는 고기를 먹지 말라고 가르치셨고, 수행인이 아닌 불자들에게도 되도록이면 고기를 먹지 말라고 가르치셨다.

그러고 보면, 우리들의 생활수준이 좀 나아지기 시작하면서부터 눈에 뜨이게 달라진 것이 식생활이다. 잘해야 1년에 한두 번 고기 맛을 보고 살아왔던 우리들이 이제는 거의 매일처럼 고기맛을 볼 수 있게 되었고, 내로라 하는 갈비집, 등심구이집들이 문전성시를 이루고 있으며, 사람들이 게걸스럽게 고기를 먹어치우고 있다.

그리고 우리나라 육류의 소비량은 하루가 다르게 무섭게 늘어나고 있다. 어떻게 보면 그만큼 잘살게 되었고 그만큼 생활에 여유가 생겼다는 간접증거도 되겠는데, 그렇다면 폭력·절도·강도·살인 등의 끔직한 범죄도 그만큼 줄어들어야 마땅한 일이거늘, 교육이나 국민의 평균소득, 생활수준은 분명히 향상되었는데도 범죄 발생건수는 갈수록 늘어나고 있으니, 이것은 바로 육식의 증가로 인해 그만큼 우리들의 심성이 잔인해지고 공격적으로 변해가는 탓이 아닌지, 한번쯤 생각해볼 일이 아닌가 싶다.

또한 요즘 의학계의 조사연구에 따르면 육식이 늘어난 만큼 비례해 성인병의 발생이 많아졌다고 한다. 비만·당뇨병·고혈압·심장병 등은 영양의 과다섭취로 인해 발생되는 경우가 많다는 지적이고 보면, 고혈압·심장병·당뇨병 등은 육식으로 자초한 병이라고 할 수 있다.

우리 속담에 "송충이는 솔잎을 먹어야 산다"는 말이 있다. 그럼에도 불구하고 서양 사람들이 먹는 것을 무작정 먹으려 들고, 서양사람들이 입는 것을 무작정 입으려 들고, 서양사람들이 마시는 것을 무작정 마시려 들고, 서양사람들이 믿는 것을 무작정 믿는 것은 한마디로 해서 동양사람이 동양사람임을 포기하는 행위요, 한국사람이 한국사람됨을 거부하는 것이나 다를 것이 없다.

고추장을 먹고 자란 아이와 토마토 케첩을 먹고 자란 아이는 분명히 그 행동방식과 사고방식이 다르게 될 것이다. 된장국을 먹고 자란 아이와 크림·토스트를 먹고 자란 아이는 하는 생각, 하는 것이 분명히 다를 것이란 말이다.

서양 종교를 믿고 자란 아이와 동양 종교를 믿고 자란 아이도 아마도 엄청난 차이가 있을 것이다. 조상의 제사를 모시는 것을 우상숭배로 몰아세우면서 우상을 숭배하면 지옥에 간다고 외쳐대는 사람들, 그들은 자신의 세 치 혓바닥으로 그들 자신의 할아버지·할머니·증조할아버지·증조할머니, 심지어는 자기의 아버지·어머니마저 지옥으로 보내버리는 짓을 눈 하나 깜짝 않고 해치운다. 왜냐하면 그들의 조상들은 대부분 유교나 불교를 신봉했었고 조상 제사를 모셨던 분들이었기 때문에, 그들 서양 종교를 믿는 사람들의 주장대로라면 모조리 다 지옥에 가 있을 것이 아닌가?

처음에 먹은 마음

불교 집안에서 흔히 쓰는 말 가운데 '일체유심조(一切唯心造)'라는 말이 있다. 쉬운 말로 하자면 '모든 것은 마음이 만들어낸다'고 할 수 있고, 그보다 더 쉬운 우리 속담으로 바꾸면 '세상만사 마음 먹기에 달려 있다'고도 표현할 수 있다.

우리가 세상을 사노라면 정말이지 마음에 따라서 세상만물이 이렇게도 느껴지고 저렇게도 느껴지는 것을 수없이 실감할 수 있다. "마누라가 예쁘면 처갓집 말뚝도 예뻐 보인다"고 하는 걸 보면 예쁘고 미운 것도 마음에 달려 있다. 똑같은 하룻밤도 오지 않는 님을 기다리는 하룻밤은 일일여삼추(一日如三秋)이니 길게만 느껴지고, 인당수에 빠질 날을 맞는 심청이의 하룻밤은 순식간에 지나고 만다. 똑같은 십리 길도 님과 함께 걸어가면 신나는 십리 길이지만, 심부름으로 가야 하는 십리 길은 지겨운 십리 길이다.

이렇듯 예쁘고 미운 것도, 짧고 긴 것도, 멀고 가까운 것도 모두가 마음에 따라 이렇게도 느껴지고 저렇게도 느껴지니, 이게 바로 마음의 조화요, 마음의 장난이다.

그런데 바로 이 '마음'이라고 하는 것은 형체도 없고 손에 잡히지도 않고 빛깔도 없고 냄새도 없고 머무는 곳도 없고 더구나 항상 그대로 있지 않고 변하니, 마음의 정체를 알기도 어렵고 더더군다나 다스리기는 더욱 어렵다. 마음 하나 다스리면 극락이 나의 것이요, 마음 하나 깨우치면 해탈이라는데, 세속의 때가 덕지덕지 달라붙은 속인으로서는 극락이나 해탈은 꿈도 못 꿀 일이요, 그저 어떻게 이 마음이라는 놈이 고삐 끊어진 망아지처럼 날뛰지만 않게 되었으면 하는 바램이 간절할 뿐이다.

춥거나 덥거나 변하지 않는 마음, 가졌거나 못 가졌거나 흔들리지 않는 마음, 기쁘거나 슬프거나 움직이지 않는 마음, 바로 그 마음의 경지에 이르면 얼마나 좋을 것인가. 그래서 불교 집안에서는 다른 공부는 제쳐두고 마음공부를 으뜸으로 치고 있다. 마음을 제대로 닦으면 바로 거기에 행복이 있고, 바로 거기에 극락이 있고, 바로 거기에 기쁨이 있기 때문이다.

나는 몇 년 전 일본의 유명한 재벌 마쓰시다 고노스케가 써 놓은 자서전을 읽은 일이 있다.

'내셔널'이란 상표로 유명한 이 재벌 기업체 마쓰시다 전기 [松下電氣]가 아직 크게 성장하기 전의 일인데, 근로자들이 임금 인상투쟁을 벌이면서 월급을 얼마쯤 올려달라고 요구했다. 그때 이 기업주는 근로자들의 요구가 너무 터무니없이 많다고 여겨 괘씸한 생각이 들었다. 그래서 근로자와 경영자는 서로 양보하지 않은 채 기업체가 문을 닫느냐, 아니면 근로자들의 요

구를 들어주느냐 하는 두 가지 가운데서 한 가지를 택하지 않
으면 안 될 막다른 길목에까지 이르게 되었다.

양자택일을 해야 할 그날 아침, 마쓰시다는 평소에 가까이
지내던 스님을 찾아갔다. 그 스님에게 자기가 처한 위급한 상
황을 자세히 설명하고 근로자들의 요구를 들어줘야 할지, 아니
면 차라리 공장문을 닫아야 할지, 어떻게 했으면 좋겠느냐고
물었다.

그러나 출가수행으로 일생을 보내온 스님이 기업의 운영에
대해서 전문적인 지식이 있을 리 없었다. 스님은 이야기를 다
듣고 나서 빙그레 웃었다.

"나 같은 출가승려가 기업경영에 대해서 아는 것이 무엇 있
겠습니까? 다만 저는 회장님에게 한 가지 말씀드릴 게 있습니
다. 회장님이 처음 공장을 시작하실 때 먹었던 마음, 다시 말씀
드리자면 처음에 먹은 마음으로 되돌아가셔서 생각을 해보시고
결단을 내려보시지요."

바로 이 말을 듣는 순간, 마쓰시다 회장은 번쩍 정신이 들었
다. 스님으로부터 따귀라도 맞은 듯 정신이 번쩍 들었다.

'처음에 먹었던 마음.'

처음 시작할 때 먹은 마음을 불교집안에서는 '초발심(初發心)'
이라고 부른다. 이 초발심은 불가에 처음 들어온 것만이 초발
심이 아니다. 사업을 처음 시작할 때 먹은 마음도 초발심이요,
결혼할 때 예식장에서 먹은 마음도 초발심이요, 정치에 입문하
면서 먹은 마음도 초발심이요, 대통령 취임식에서 선서할 때
먹은 마음도 초발심이요, 법관이 임명장을 받을 때 먹은 마음

도 초발심이요, 사관학교 졸업식장에서 장교에 임관될 때 먹은
마음도 초발심이다. 맨 처음에 먹었던 마음. 바로 그것, 출발할
때의 마음이 초발심이다.

　일본의 그 기업주는 '처음에 먹었던 마음으로 되돌아가 생각
하고 결단을 내리라'는 스님의 말씀 한 마디에 모든 것을 제대
로 깨닫고 회사로 달려갔다.

　애당초 공장을 차릴 때 자신의 소원은 무엇이었던가? 공장
이 현상유지되고, 종업원들 월급 주고, 자기 집안 생활비 벌고,
약간의 저축만 할 수 있다면 더 이상 무엇을 바랄 것인가? 당
초 소원했던 것은 바로 그것이 아니었던가? 처음에 먹었던 마
음은 부자가 아니었고 재벌이 아니었고, 더더군다나 노동자의
임금을 착취하는 악덕기업주가 되는 것이 아니었다.

　그 기업주는 처음에 먹었던 마음으로 되돌아가 근로자의 요
구를 백퍼센트 고스란히 다 들어주고 사태를 수습했다. 그 후
그 기업은 더욱더 발전해서 지금은 일본에서 다섯 손가락에 꼽
히는 큰 재벌기업으로 성장했다.

　사람이란 누구에게나 처음에 먹었던 마음이 있다. 근로자도
처음 취직할 때 먹었던 마음이 있다.

　"기술만 배우게 해주십시오. 생활비만 벌게 해주십시오. 더
이상 소원이 없습니다. 열심히 일하겠습니다."

　그러나 근로자는 근로자대로 처음에 먹었던 마음을 헌신짝
버리듯 버리고 더 많이 달라고 욕심을 부린다.

　결혼생활에서도 마찬가지다. 남자와 여자는 부모형제 일가친
척 친지들 앞에서 처음에 먹은 마음을 공개적으로 다짐까지 하

고 결혼을 한다. 그런데 얼마 못 가서 처음에 먹었던 마음을 헌신짝 버리듯 하고 이혼해 버린다.

이 세상 모든 싸움은 처음에 먹은 마음을 버린 데서 일어나고 있다. 이혼과 노사분규, 부정부패, 모략중상, 권력투쟁, 어느 것 하나도 처음에 먹은 마음만 제대로 지닌다면 일어나지 않을 것이다.

처음에 먹은 마음은 다들 어디다 버리고 아귀 같은 욕심만 부풀어 있으니 세상은 그래서 싸움질이요, 아우성이다.

오묘한 합장의 위력

　불교 집안의 모든 예절은 합장(合掌)으로부터 시작된다. 법당에 들어가서 부처님께 인사를 올릴 적에도 합장부터 하고, 스님을 만났을 때에도 합장부터 하고, 같은 부처님 제자들끼리 만났을 때에도 합장부터 하고, 《반야심경》이나 《금강경》을 독송할 때에도 합장부터 한다.

　왼손과 오른손의 손바닥을 가슴 앞에 가지런히 합하는 자세가 바로 합장인데, 처음에 나는 왜 이렇게 합장을 하고 인사를 해야 하는지 그 깊은 뜻을 알지 못한 채 그냥 남이 그렇게 하니까 따라서 해왔다. 그런데 한 번 두 번, 1년 2년, 자꾸 합장을 계속하다 보니까, 바로 이 '합장'에 오묘한 부처님의 가르침이 담겨 있다는 것을 알게 되었다.

　이 세상에 살고 있는 모든 사람들은 고개를 뻣뻣하게 치켜들고 거드름을 피우며 거만을 떠는 사람을 좋아하지 않는다. 아니 좋아하지 않는 정도가 아니다. 거만한 사람, 건방진 사람을 모두가 싫어하고 그 정도가 심하면 미워한다. 그런데 합장을 하면 왠지 모르게 저절로 고개가 숙여지고, 왠지 모르게 저절로 겸손한 마음을 가지게 된다. 부처님 앞에서건 스님 앞에서건 친구 앞에서건 합장만 하고 있으면 절대로 거만해지거나 교만해지거나 건방져지지 않는다. 이상하게도 '합장'이 거만한 마음, 교만한 마음을 겸손한 마음으로 바꾸어준다.

그뿐만 아니라 합장을 하고 있으면 이상하게도 마음이 한없이 너그러워진다. 죽이고 싶도록 미운 사람이 있을 때, 합장을 하고 그 사람을 생각해보면 죽이고 싶던 마음은 어느새 사라지고 용서해주는 마음이 저절로 생겨난다.

그래서 '합장'은 미움을 잠재우고 용서하는 마음을 싹트게 한다. 합장만 하면 미워하는 마음, 증오하는 마음 대신에 너그러운 마음이 어느새 우러나온다. 욕을 해주고 싶을 때도 마찬가지다. 합장을 하고 욕을 하려고 하면 이상하게도 욕설이 목구멍에서 나오지를 않는다. 그래서 나는 합장을 한 채로 욕을 하는 데 여러 번이나 실패한 경험이 있다. 이 글을 읽는 이라면 어느 분이든 합장을 한 채로 욕을 한번 실컷 해보면, 욕이 결코 입 밖으로 나오지 않는다는 사실을 알게 될 것이다. 어쩐 일인지 모르지만 합장을 한 채로 욕을 해보려고 하면 욕이 나오지 않는다.

죽이고 싶은 마음도 잠재우고, 욕을 퍼붓고 싶은 마음도 사라지게 하고, 거만 피우고 싶은 마음도 씻어버리는 이 '합장'이야말로 우리의 심성을 부드럽게 하고, 우리의 심성을 아름답게 하고, 우리의 심성을 정직하게 하고, 우리의 심성을 포근하게 하고, 우리의 심성을 착하게 만드는 위력을 지니고 있다.

합장을 한 채로는 도둑질을 하기 위해 남의 집 담을 넘을 수가 없다. 아니 담을 넘기 전에 합장을 하면 담을 넘고 싶은 생각 자체가 사라져버린다. 합장을 한 채로는 남과 결코 싸울 수가 없다. 믿기지 않거든 한번 상상을 해보라. 두 손을 가슴 앞에 합장한 채 남과 싸우거나 도둑질을 할 수가 있겠는가?

그러니 가정에서도 남편이나 아내나 부부싸움을 할 지경이 되었을 때라도 어느 한쪽이 얼른 합장만 하면, 그 부부싸움은 일어나지 않게 된다. 합장만 하고 있으면 욕이 나오질 않고 큰소리가 나오지 않고 내가 옳고 내가 잘났다는 생각이 사라져버리고 너그러운 마음, 겸손한 마음이 저절로 우러나오니 부부싸움인들 어떻게 일어날 것인가!

그뿐만이 아니다. 사업에 실패했을 때 합장을 하면 세상을 원망하고 다른 사람을 원망하고 신세를 한탄하기 전에 저절로 자기 잘못을 뉘우치게 되고, 자기 허물을 돌아보게 되고, 겸허한 마음으로 자기반성을 저절로 하게 된다.

합장을 하기만 하면 남을 모략하거나 남을 질투하거나 시기하는 마음이 저절로 사라지고, 용서하는 마음, 아껴주는 마음, 도와주고 싶은 마음이 저절로 우러나온다.

화가 났을 때 합장을 해보라. 합장한 바로 그 순간부터 마음은 편안해지고, 마음이 너그러워져서 불같이 치밀어올랐던 화는 봄눈 녹듯 사라지게 된다.

분하고 억울한 일이 있을 그때 합장을 해보라. 분함과 억울함으로 씨근덕거리던 숨결부터 어느덧 잔잔해지고 마음에도 어느새 평화가 찾아오기 시작한다. 아무리 불안하고, 아무리 초조하고, 아무리 다급한 상황에서라도 한순간 정신을 가다듬어 합장을 해보라. 마음에 저절로 여유가 생기고 차분해져서 불안도 초조도 다급함도 잠들게 된다.

부처님이 일찍이 우리에게 가르쳐주었지만 신경질 나고, 화 나고, 밉고, 죽이고 싶고, 약오르고, 때리고 싶고, 욕을 퍼붓고 싶고, 더 갖고 싶고, 싸우고 싶은 이 갖가지 괴로움은 모두가 다 마음의 병이다.

살점이 찢어지거나 뼈가 부러지거나 육신의 겉과 안에 병균이 침입해서 생기는 육신의 병은 약을 바르거나 도려내거나 주사를 맞으면 나을 수 있지만, 마음에서 생겨난 마음의 병은 약이나 주사나 수술로는 고칠 수가 없다. 마음의 병은 오직 마음을 다스려야만 나을 수가 있는데 그 마음을 다스리는 방법 가운데 첫째가 바로 '합장'이다. 합장만 하면 웬만한 마음의 병은 금방 다스려진다. 그러니 합장이야말로 마음의 병을 고치는 만병통치약이라고 할 수 있다.

합장 한 가지로 겸손한 사람이 되고, 합장 한 가지로 너그러운 사람이 되고, 합장 한 가지로 욕심 없는 사람이 되고, 합장 한 가지로 착한 사람이 되고, 합장 한 가지로 양보하는 사람이 되고, 합장 한 가지로 포근한 사람이 되고, 합장 한 가지로 웃는 사람이 되고, 합장 한 가지로 베푸는 사람이 될 수 있으니, 부처님이 우리에게 합장을 가르치신 뜻이 바로 여기에 있다.

저 천박한 서양 사람들의 인사법을 보라. 손 하나 방정맞게 치켜들어 흔들면서 만날 때는 "하이"요, 헤어질 때는 "바이바

이” 하면서 고개조차 숙이는 법이 없다. 할아버지에게도, 아버지에게도 손 하나 들어서 흔들면 그만이다. 거기서 바로 ‘저만 아는’ 이기주의자들이 나오게 된다.

우리들의 귀여운 자식 손자들에게 왜 그런 천박한 서양의 인사법을 본받게 하려고 “빠이빠이”부터 가르치는가?

우리들의 귀여운 자식, 소중한 손자들에게 합장하고 머리 숙이는 불교의 가장 좋은 인사법을 우리는 반드시 가르쳐야 하고 모범을 보여야 한다.

“할아버지, 빠이빠이.”

“아빠, 빠이빠이.”

정말이지 우리는 이런 천박한 인사법과 ‘빠이빠이’ 해야 한다.

영원한 것은 아무것도 없다

가까이 지내던 한 친구가 있었다. 그 친구는 술을 마시지 않았고, 담배도 피우지 않았다. 어쩌다 친구들끼리 어울려 노는 자리에서도 트럼프를 손에 들거나 화투장을 만지는 일도 없었다. 영화구경을 좋아하지도 않았고, 바둑이나 장기를 두는 것도 아니었다. 그렇다고 남 몰래 춤을 추러 다니는 것도 아니었고, 낚시나 사냥을 즐기지도 않았다. 꽃을 가꾸는 취미도 없었고, 난초를 키우는 재미도 몰랐다. 어쩌면 그 친구는 책을 읽고 자료를 모으고 그 자료를 분석해서 글을 쓰고 저서를 만드는 일에만 몰두했다.

아무리 화나는 일이 있어도 '이 자식 저 자식' 하며 싸우는 것을 본 적이 없었고, 아무리 나쁜 사람이라 해도 '그 자식', '그 놈' 소리 하는 것을 들은 적이 없었다. 그저 화가 날 정도로 배신을 당하거나 하면 기껏 욕한다는 소리가 "그 사람 참 나쁜 사람이더군"이 고작이었다.

그만큼 그 친구는 마음이 **비단결** 같았고, 착한 사람이었고, 성실한 사람이었고, 부지런한 사람이었고, 내가 아는 사람들 가운데서 가장 정직한 사람이었다.

누가 자기 집에 와서 벽에 걸린 그림을 보고 "저거 정말 좋은 그림이군" 하기라도 하면, "그래? 그럼 자네 가지고 가게" 할 만큼 무엇이든 남 주기를 좋아했던 욕심 없는 사람이었다.

어느 가을날 밤에 그 친구 집에 놀러 갔더니, 그의 서재 책꽂이 윗칸에 조그마한 불상이 놓여 있었는데 머리에 하얗게 먼지를 뒤집어 쓰고 있었다.

"아니 웬 불상인가?"

하며 얼른 들고 보니, 시멘트를 빚어 만든 그 조그마한 불상에는 아직 붉은 황토가 여기저기 묻어 있었는데, 비록 시멘트로 빚어 만든 값싼 불상이었지만 그야말로 원만하고 아름답게 조성된 것이었다.

"우리집 아이들이 집 아래 공터 흙 속에서 발견했다는데 버리기도 그렇고 해서 그냥 거기 놔두었네. 자네가 가지고 가지."

그날 밤, 나는 그 조그마한 부처님을 집으로 모시고 와서 정성스럽게 목욕을 시킨 뒤 우리집 불단에 모시고 아침 저녁 예불을 드리게 되었다.

그리고 몇 년 뒤, 술도 담배도 입에 대지 않던 그 친구가 덜컥 병원에 입원했다. 어이없게도 간암이었다. 수술을 받고 끈질기게 투병했지만, 결국은 이 세상을 떠나고 말았다. 그 친구의 관을 땅 속에 묻고 돌아서면서 누구인가가 내 곁에서 말했다.

"세상 참 허망하구만……"

그렇다. 우리는 가까운 사람의 죽음을 맞았을 때, 더더군다나 젊은 사람의 뜻밖의 죽음을 알게 되었을 때 '허망하다'는 느낌을 받게 되고, 산다는 게 갑자기 덧없어진다.

"산다는 게 뭔지⋯⋯. 숨 한번 끊어지면 끝장인 것을⋯⋯."

"그렇게 아등바등 살 게 아니라니까. 죽으면 모든 게 다 그만인걸 뭐."

"돈을 벌어서 뭘 하고, 출세는 해서 뭘 할 거여. 너무 그렇게 악착같이 살 게 아니라구."

가까운 사람의 죽음을 곁에서 확인하고 나서 갖게 되는 이 '허망'한 심정은 아직 살아있는 나의 인생조차도 '허망'하게 느끼게 하고, 자칫하면 일할 맛도 잃게 하고, 살아가야 할 의욕마저도 잃게 하는 경우가 있다. 그러나 가까운 사람의 뜻밖의 죽음이 우리에게 보여주는 것이 과연 '허망'이나 '허무'뿐일까?

이 목숨 태어남은
한 조각 뜬구름 생겨남이요,
이 목숨 스러짐은
한 조각 뜬구름 흩어짐이라.
인생의 오고감도 그와 같으니⋯⋯.

일찍이 부처님이 우리에게 들려주신 이 말씀은 우리에게 인생의 허무를 강조한 것이 결코 아니었다. 그러나 우리는 자칫하면 부처님이 가르쳐주신 '무상(無常)'을 허무와 허망으로 잘못 받아들여 절망하거나 좌절하거나 자포자기할 우려가 있다.

무상. 그것은 글자 그대로 '항상 그대로 있는 것은 없다'는 뜻이다. 내 몸도, 내가 입고 있는 옷도, 내가 신고 있는 신발도, 얼른 보면 그대로 있는 것 같지만 이 세상에 있는 모든 것은 계속해서 변하고 있다.

꽃도, 나무도, 돌도, 물도 변하고 있다. 아무리 아름다운 미스코리아도 20년 뒤, 30년 뒤에는 아주머니가 되고 할머니가 된다. 아무리 기운이 팔팔한 20대의 천하장사도 20년 뒤, 30년 뒤, 40년 뒤에는 어쩔 도리 없이 기운 없는 노인이 된다.

모든 것은 변하고 부서지고 없어진다는 이 움직일 수 없는 사실을 모르거나, 이 어김없는 사실을 인정하지 않고 영원할 것이라고 착각하고 사는 경우, 사람들은 수많은 잘못과 어리석음을 저지르게 된다.

생명이 있거나 생명이 없거나, 이 세상에 있는 모든 것은 그대로 있는 것이 아무것도 없다는 이 엄연한 사실을 사실로 인정하고 긍정하게 되면 거기에는 '허망'도 없고 '허무'도 없다.

낮이 가면 밤이 오는 것을 '허망'이라고 할 이유가 없다. 밤이 가면 아침이 오는 것을 '허무'라고 탄식할 이유가 없다. 꽃은 피었으면 지는 것이 정해진 길이요, 인생은 태어났으면 가는 것이 정해진 길이다. 오는 것을 인정하고 긍정한다면 가는 것도 죽는 것도 긍정해야 한다.

우리 모두는 언젠가는 가야 할 사람, 이 엄연한 사실을 그대로 인정하고 긍정하고 산다면 우리는 과연 어제처럼 싸우고 거짓말하고 빼앗고 악을 쓰며 꼭 그렇게 아등바등 살아야 할까?

무상을 제대로 보고 제대로 아는 사람은 행복한 사람이다.

무상을 제대로 보고 제대로 아는 사람은, 이 세상 모든 것, 돈이거나 건물이거나 토지거나 감투거나 그것들 모두, 잠시 내가 관리하다 가는 것, 영원한 나의 것은 아무것도 없다는 것을 알고 있는 사람이다.

이 세상에 살아 있을 수 있는 인연이 다하면 내 손, 내 팔다리, 내 육신마저 고스란히 땅 속에 놓아두고 가야 하거늘, 과연 내가 나의 것이라고 가지고 갈 수 있는 것이 무엇 한 가지인들 있을 것인가.

이 세상 대부분의 사람들이 동쪽으로 가고 싶어하는데 기어이 서쪽으로 가야 한다고 강요하는 사람들이여.

이 세상 대부분의 사람들이 밥을 먹고 싶어하는데 기어이 죽을 먹으라고 강요하는 사람들이여.

이 세상 대부분의 사람들이 손을 들고 싶다는데 기어이 발을 들라고 강요하는 사람들이여.

이 세상 대부분의 사람들이 말을 하고 싶다는데 입을 틀어막는 사람들이여.

이 세상 대부분의 사람들이 통곡하고 싶어하는데 웃음을 강요하는 사람들이여.

이 세상 대부분의 사람들은 검다고 말하는데 희다고 말하라고 강요하는 사람들이여.

꽃은 피면 질 날이 머지 않았고, 우리가 태어났으면 가야 할 날이 머지 않았다. 천년 만년 살아가리라고 착각을 해서 어리석은 일을 저지르지 않도록 냉수라도 마시고 정신을 차리라.

어차피 한 번은 떠나야 할 이 세상, 기왕이면 아름답게 가꾸어 놓고, 기왕이면 칭송을 받으며, 기왕이면 웃으면서 떠나는 것이 멋지지 않겠는가?

어차피 빈 손으로 떠나야 할 이 세상, 이왕이면 많은 사람 먹고 살게 해주고, 이왕이면 많은 사람 자유롭게 해주고, 이왕 이면 많은 사람 행복하게 해주고, 이왕이면 많은 사람 노래하게 해주고, 이왕이면 많은 사람 포근하게 해주고, 기왕이면 웃으면서 이 세상을 떠나는 게 멋지지 않겠는가?

내 여기 다시 한번 인용하거니와 부처님은 우리들에게 그런 멋진 떠남을 권유하기 위하여 《법구경》을 통해 다음과 같이 일러주었다.

아아 이 몸은 오래지 않아
다시 흙으로 돌아가리라
정신이 한번 몸을 떠나면
해골만이 땅 위에 버려지리라.

목숨이 다해 정신 떠나면
가을철에 버려진 표주박처럼
살은 썩고 앙상한 백골만 뒹굴 것을
무엇을 사랑하고 탐할 것인가.